やりたいことを全部やる！
言葉術

臼井由妃

日経ビジネス人文庫

はじめに◎言葉ひとつで「やりたいこと」が実現できる！

言葉術をテーマとした本は無数にありますが、「話し方のテクニック」に終始したものが多いようです。しかし、本書は単なるテクニック集ではありません。

目的は、「やりたいことを全部やる！」こと。

そのために、どんな伝え方をすれば**周囲の信頼を得て味方になってもらえるか**――にフォーカスしています。

仕事、子育て、趣味、勉強、人づき合い……皆さん、ただでさえ忙しいのです。ひとりで頑張っていては一日何十時間あっても足りず、「やりたいこと」なんて到底できません。

あなたが「やりたいことを全部やる！」には、時間が必要。自分の時間を増やすには「相手の時間を使う」。これが、究極のワザです。しかも、最短の時間（＝ひと言）でそれを成し遂げられたら、仕事も人間関係も人生も一気にうまく回り出します。

そういった意味で、10万部を突破した『やりたいことを全部やる！時間術』、その実践版である『やりたいことを全部やる！メモ術』に続く、シリーズ第3弾の本書は「時間術の究極版」ともいえる位置づけです。

この本では、さり気なく主導権を握るひと言から、欲しい結果を手にするメール（書き言葉）、自然に味方が増える鉄板の言い方、オンライン・オフラインを問わず会議や打ち合わせがうまくいく言葉、ポジティブな関係性を築くSNSでの賢いひと言まで網羅しました。すべて20年余りかけて私が**現場で培ってきたもの**です。

実は、33歳で病身の夫の後を継ぎ経営者となるまで、私はビジネス経験がほぼ皆無でした。そんな私が不良債権を抱えていた会社の再建に挑むことになった。金なし、コネなし、経験なし、味方なし、時間なし……最悪の状況から抜け出し、最短最速で成果を出すには、何を武器にするべきか。

ビジネス書を読み漁り、著名な経営者の講演に何十回と足を運び、ヒントを得ようともがきましたが、にわか仕込みの知識がすぐ役に立つほど甘くはありません。

会社再建は待ったなし！　苦しむ中、友人が言葉をかけてくれたのです。

「このままで終わるあなたじゃない」。単純ですがそのひと言に励まされ、自信が持て、行動に弾みがつき、事業にもいい結果が出てくるようになりました。

「ひと言の力」が人間を動かす。

「ひと言の力」がビジネスの成果を生む。

そう確信できて以来、日々「ひと言の引き出し」を増やしていきました。すると、ビジネスライクでクールな人間関係が変わったり、相手も自分もやる気や元気が出てきたり、自然に味方が増え、望む結果が手に入るようになったのです。

今、著者、講演家、経営コンサルタントとして活動できるのも、ほんのひと言の積み重ねだと思っています。

本書を味方にすれば、時間がない、余裕がないなんて嘆くことなく、**誰もが望む結果を得る**ことができます。そのヒントになるエピソードも、たくさん載せました。

ぜひ今日から実践してください。試した方から、うれしい変化を実感できます！

２０２０年９月

臼井由妃

やりたいことを全部やる！言葉術　目次

第2章 欲しい結果を手にするメールのひと言

第3章 自然に味方が増える鉄板のひと言

第4章 オンラインもオフラインも。会議・打ち合わせがうまくいくひと言

第5章 ポジティブな関係性を築く。SNSの賢いひと言

終章 勇気がみなぎるエールのひと言

校正◎内田　翔

第1章

さり気なく主導権を握るひと言

01 厳しめの課題には「まずはやってみます」

厳しめの課題を与えられると、渋い顔をして、「とりあえず検討します」という人のなんと多いことでしょう。

仕事終わりに立ち寄る居酒屋で「お飲み物は何にしますか？」と尋ねる店員さんに「とりあえずビール！」というのとは、「とりあえずの趣旨」が違います。

前者の「とりあえず」が、「気が乗らないけれど、返事をしないとまずい」という逃げの発言なのに対して、後者の「とりあえず」は、「さあ飲むぞ！　まずはビールで喉を潤して」という攻めの発言です。

シーンは違っても心構えが後ろ向きか前向きなのかは、自分が一番わかるでしょう。

「とりあえず検討します」というのは、まったくその気がない時間稼ぎ。

「できません」と即答することの次に、あるいはそれ以上に、ビジネスシーンにあっでは最悪な返答です。

ビジネスで「とりあえず」を使うと、

「予定ははっきりしないが、とりあえず答えておこう」

「できるかわからないが、とりあえず経緯を聞いておこう」

という**責任感のない姿勢が相手に伝わってしまいます**。

これで納得してくれるならば、相手はあなたに期待を抱いていない。

最初は、チャンスをあげようと課題を与えたのかもしれませんが、「とりあえず」が出た途端に、「……荷が重いのかな？　無理かもしれない」と思われます。

「とりあえず」が原因で、ダメ評価が下されてしまいかねないのです。

ビジネスでは、無理難題を振られる、納期がキツい仕事を頼まれることが多々あります。こういう場合、相手は意地悪をしているのではありません。

あなたの可能性を見出そうとしている。**無理は百も承知な上で、どんな対応をするのかあなたを試しているケース**がほとんど。

ですからキツい、厳しい、しんどいと思っても、こう答えましょう。

「まずはやってみます」

「まずは動いてみます」

これは、相手の申し出を拒否せず受け入れるひと言です。

厳しい案件だとしても、知恵を絞って成し遂げようとするひたむきさが、必ず相手に伝わります。すると、

「○○から手をつけたらいいぞ」

「この件は□□さんが詳しいから、力になってくれるはずだ」

などと、課題をクリアする筋道を示してもくれます。

こうなれば、できたも同然！　課題クリアのプロセスで、

「教えていただいた○○をしたら、うまくいきました」

「△△は、成果が出ませんでした。なぜかというと……」

というように報告や連絡をしながら、時に相談も交えコミュニケーションをはかっていけば、好ましい結果が得られます。「あれ？　いつの間にか、自分が主導権を握っている」。そんな気づきもあります。

もちろん、日常生活では「とりあえず」という言葉を使うこともありますし、判断しかねるときに、間に合わせの対応として使える便利な言葉ではあります。

しかし、ビジネスシーンで使用するのは好ましくありません。特に、目上の人や取引先との会話で使ってしまうと、軽々しい印象は否めません。

「とりあえず」が口ぐせの人もいるでしょう。

いいそうになったら深呼吸。ひと息ついたら、「まずは」といってみましょう。そうすると、「やります」「やってみます」としか続けようがありません。**自然とポジティブな自分、ポジティブな環境が整う**ものです。

「まずは」で主導権を握ろう。

02 「大げさなひと言」で空気を変える
「インパクト大！」

売り上げが低迷したり、同業他社に追い抜かれたりすると、慌ててテコ入れするのがビジネス戦略ですが、日頃、使っている言葉を見直すことも大事な戦略です。

活気が足りない職場で蔓延《まんえん》しているのが、あたりさわりのない無難な言葉です。

商品開発の一環としてネーミングのアドバイスをさせていただいている某社の会議にオブザーバーとして参加したときのこと。

斬新な切り口で企画を発表したAさんに対して、会議を仕切るBさんから、

「面白いですね！」

「インパクトがありますね！」

そんな発言が出るものと思っていたのですが……。

Bさんが口にしたのは、「特に問題はないと思います」。

呼応するように、会議に出席のメンバーからは「悪くないんじゃないですか」「まあ、いいでしょう」「違和感ないです」と揃いも揃って無難であたりさわりのない発言。

発表者は、知恵を絞って提出した企画にどんな反応が返ってくるのか期待していたはず。「特に問題はないと思います」では、力が抜けてしまいます。

同席していた私も、拍子抜け。この会社の行く末が心配になりました。

新人の営業パーソンがやっとの思いで契約にこぎつけ意気揚々と上司に報告をしたら、「あっ、そう、お疲れさま」では、言葉に温度を感じないでしょう。

ほめられたい、ねぎらってほしいのが目的ではありませんが、

「スゴいじゃないか。努力したもんなあ」

「よかったな。粘り強く交渉した結果だね」

そんな血が通った言葉が欲しいですよね。

勇気づけるでもなく、ねぎらうでもないあたりさわりのない無難な言葉では、相手に伝わりません。しかも、いっている人に悪気はありませんからタチが悪い。

ひとりから始まったあたりさわりのない言葉が次々に伝染して職場全体の活気を奪い、最後は業績悪化につながっていくという例を私は数多く見てきました。

現状に危機感を覚え、変えようと思うのなら、どんよりとした空気をかき回す「大げさな言葉」をあえて使うといい。先のケースでいえば、たとえば次のようなひと言です。


「まさに今、求められている企画！　すごいね！」

「完璧じゃないか！　君に頼んでよかった」

「インパクト大！　短期間でこんな企画を考えるなんて才能がある」

「新人でこんな着想ができるなんて！　脱帽だよ」

「おおっ！　ここまでできるなんて成長したな」


同じ状況であっても、こういうひと言があったら、相手の心の温度を上げ、自らの温度も上がり、

「もっと頑張ろう」

「自分もうかうかしていられない」

と、互いの刺激になり、どんよりした空気が吹き飛びます。


ほんのひと言で、人の気持ちは変わります。

ほんのひと言で、職場の空気は変わります。


相手をその気にさせるのも言葉ですし、自分の気持ちを高めるのも言葉。

戦略的に言葉に温度を帯びさせることを考えてみるといいでしょう。


温度のある言葉を意識して使う。

03

厳しい状況を打開する「楽しみですね」

ほんのひと言で同僚や部下、仕事相手のやる気を引き出す術があります。

それは未来のいいイメージを抱かせること。

「（今は苦しいかもしれないが）明るい未来が待っている」というひと言を最後にプラスして、相手の脳裏に植えつけるのです。これは、対面でもメールでもオンライン会議でも使えるテクニックです。たとえば、

「半年後、御社がより活気づいているのが楽しみです」

「12月は話題騒然。ワクワクしています」

「売り上げがうなぎのぼり、楽しみですね」

親しい相手ならば仕事を離れて、

「プロジェクト成功で、温泉旅行。心躍りますね」

「終わったあとには、例のお店で食事会。楽しみ！」

仕事が終わったあとの輝く姿や、未来へ向かうプロセスをイメージさせるひと言を伝えます。

仕事に追われていると、目の前のことをこなすのが精いっぱい。壁や課題にぶちあたると前進している感覚が得られず、ずっとキツい状況が続くのかと思えてしまうものです。

そんな人に「壁は破るためにある」「当たって砕けろ」などと根性論を持ち出したり、「課題解決のヒントは○○だ」と解決策を提示したりするだけでは、響きません。

大切なのは、壁の先にまったく違う景色が広がっている、心躍る出来事が待っているとイメージさせることです。

新型コロナウイルス感染拡大に伴う緊急事態宣言の発出時に、メディアはこぞって外出自粛や営業自粛による経済損失について報じていました。

確かにそれはメディアの役割ですが、連日暗い話ばかり伝えられたら、超ポジティブ人間を自任する私でも、心が折れそうになりました。

予定されていた講演会が20あまり中止になり、大好きな本屋さんに気軽に足を運べない状況に「私の仕事は不要になるのかな」と、正直、弱気にもなりました。

そんなとき、改めて未来のいいイメージを刷り込む言葉について考えたのです。目の前の現象に翻弄されるのではなく、乗り越えた先にある世界に思いを馳せました。「そうだ、こういうときこそ『楽しみですね』と言葉にしよう」

国難の中、誰もが心のよりどころを求めているのだから、未来のいいイメージを抱かせる「楽しみですね」で救われるはず。そう思ったのです。


それ以降、親しい人と交わすメールの最後には、

「外出自粛中に筋力をつけます。楽しみに待っていてください」

「時間がたっぷりあるので、手紙も出しました。ラブレターじゃないですが」

などと、笑顔を誘うような一文を添え、オンライン会議では、

「非常時だからこそ、この企画が生まれたんですね。ワクワクします」

「オンライン会議の日程を指折り数えて待つ。これもまた楽しい経験ですよね」

と言葉にしました。

こんな苦しい辛い経験は二度としたくはないけれど、今は私たち個々の適応能力が試されている。

大変かもしれないけれどこの山を越えたら、もっと高い山に挑める能力が備わる。それに向かって今は、邁進している。

そんな気持ちを「楽しみですね」に込めて、伝えていました。

「楽しみですね」

このほんのひと言があるかないかで、心構えも取り組み方も結果も違ってきます。

「楽しみですね」で明るい未来をイメージする。

04

無茶ぶりをかわす

「今、思いついたのですが」

私は、雑誌のインタビューを受ける際やテレビ、ラジオに出演する際、「質問者が求めているものは何か」の趣旨をざっくりとつかんだら、そこから想定されるポイントを3つほど箇条書きします。

たとえば30代中盤のビジネスパーソンがターゲットの雑誌で「働き方改革」について取材を受けるのだとしたら、「時間価値を認識」「時間の手綱を握る」「空白の予定を決める」などとポイントを決め、それ以上資料を集めたり、参考文献を読み漁ったり、Q&Aを考えるということはしません。

「あれを聞かれたら、どうしよう」

「答えに詰まったら恥ずかしい」

などと、細かいことは気にしないのです。

用意している時間がもったいない。
用意しても役に立つかどうか保証がない。

そもそもコメントに正解はないのですから、準備に時間や手間をかけるよりも、予期せぬ質問に慌てたり、言葉をかんだり、とちったりするのも自分らしさの演出になると思って楽しんでいます。

「臼井さんはメディアに慣れているから、それで通用するかもしれないけれど、私は不安です」

「あがり症だから、発言を求められるのが怖い」

会議や打ち合わせなどで、質問されたらフリーズしてしまうというあなたには、その緊張や不安を利用するという手がありますよ。

「専門分野ではないのですが……」
「大した話ではないですが……」
「答えになっていないかもしれませんが……」

「あまり詳しくはないのですが……」

「人から聞いた話で、確証はないのですが……」

そんなふうに前振りをして、ハードルを下げておく。ずるいですが、**失敗を最小限に食い止める保険をかけてから話す**のです。

謙虚に話す人に「だったら話さなくていい」なんて意地悪を仕掛けてくる人は、いません。

「いいよ、教えて」

「気にしないから、自由に話をして」

と、見守ってくれるはずです。

なかには、「うーん、そういうことじゃないんだよなあ」と半否定したり「もっと他にない？」「それで、なんで？」と畳みかけてくる人もいます。いわゆる無茶ぶりですね。

そんなときは、深呼吸してから、

「今、思いついたのですが……」

こう前振りをするのがいいでしょう。

文字通り今、思いついたことをいうのですから、完成度は低くていいのです。相手はハードルを下げて耳を傾けていますから、極端にいえば、答えになっていなくても「ダメ出し」される可能性はまずありません。

あがり症や小心で情けないなんて、考えなくていいのです。

あがるのは、相手と真面目に向き合っている証し。正直なのです。

「あがらずよどみなく話す人は、疑ったほうがいい。私はつき合わないなあ」

これは、ラジオ番組でご一緒した名調子でお馴染みの師匠の言葉です。

「箸にも棒にもかからぬぐらいしゃべりがダメな弟子のほうが、伸びる」とも、おっしゃっていました。

正直さに勝る発言はない。謙虚に話せば、人は受け入れてくれるのです。

想定外の質問には「今、思いついたのですが」作戦で！

05 コミュニケーション上手のひと言作戦「○○さん」

一対一の挨拶や何気ない会話の中でも、相手の名前をきちんと入れて話す。

たったこれだけの工夫で人間関係は驚くほど豊かになります。

同僚と仕事の進捗状況について話をしているとき、

「田中さんは、仕事が速いからもうすぐ完成ですよね」

いいアイデアが浮かばずに互いに苦慮しているとき、

「山田さん、どうですか?……」

などと話すのです。

目の前にいるのはひとり。わざわざ名前を入れなくても、相手は自分に話しかけているということはわかります。それでも、**あえて名前を入れて話す**のです。

自分の名前が会話の端々に出てくると、人は、きちんと向き合って話をしてくれている、尊重してくれている。存在を認めてくれている、という思いを抱くものです。

名前を呼ばれるたびに相手との距離が一歩、また一歩と近づいていくような気持ちになり、その相手が好ましい存在になります。


かつて私は吃音症でした。30代中頃までは親しい人との会話でも、シドロモドロになることもあり、煙たがられている自分がイヤで仕方がなかった。

そんな中、根気強く私の話を聞いてくれる女性がいました。

「臼井さん、ゆっくり話せばいいからね」

少し慣れてくると、

「臼井さん、スゴい！」

「臼井さん、その調子！」

この「臼井さん」という声掛けに背中を押され、コミュニケーションの楽しさを知ることができました。今の私につながる大切な出来事です。

挨拶や会話の中に相手の名前を入れるのは、単純なことですが、**相手を尊重し思い**

やる気持ちがあればこそできる。伝わるのです。このときの経験から、私はできる限り相手の名前を会話の中に入れるようになりました。

一対一の商談や打ち合わせ、他愛ないおしゃべりのときも、講演会やセミナーなど大勢の方とお会いするときも、相手の名前を入れながら会話をしています。

講演会では、あらかじめできる範囲で、参加者の名前を確認。仕事や職種までわかればそこも含めて把握して、

「小林さんは、〇〇についてどう考えますか？」

「武井さん、ご専門の分野ですよね。他にアイデアはないでしょうか？」

などと話をしています。

挨拶や会話に名前を入れるのは、ちょっとした工夫。

ほんの数秒ですが、これがあるかないかで、心の距離は大きく違ってくるのです。

「おはようございます！」といいながらオフィスに入っていくのは、その場にいる多数の人に、「私は出勤しました」「朝のルーティンをしました」というアピールであって、本当の意味での挨拶ではないでしょう。

デスクや持ち場につき、同僚や上司など、仕事をする上で欠かせない人と気持ちよく意思の疎通をはかろうとするのならば、

「△△さん、おはようございます！」

社外でも、商談のスタートには、

「○○部長、いつもお世話になっております」

商談が終わったら、

「○○部長、頂戴しました件、明後日までにはお返事をいたします」

帰り際には、

「○○部長、本日は貴重なお時間を割いていただき、ありがとうございました」

相手の名前を入れながら会話をすると、「丁寧」「律儀」「真面目」が伝わり、あなたに惹かれる人が増えていきます。

たとえ一対一でも名前で呼びかけよう。

06

行列ができるレジ職人の決め台詞「今日もお会いできてうれしいです」

初めてそこにうかがったのは5年前。特売日でもないですし、そもそも高級スーパーといえるお店ですから、買い物客でごった返すというのは、ありえない。

でも、レジには長蛇の列。

普通こういうシチュエーションでは、イライラそわそわ。お客さまは焦れているのが常ですが、笑顔で整然と並んでいる。

よく見ると、長蛇の列は3番レジだけで、両隣にも、レジ店員さんはいるのです。

「何じゃこれ?」

驚きの正体は、レジ打ち＝バーコードリーダーの扱いの驚異的な速さと、それにもかかわらず丁寧な言葉遣い。

「いらっしゃいませ」

「ありがとうございました」

「○○円のお返しです」

　これらは小売業やサービス業では必要不可欠な言葉ですが、時に「何か気に入らないことでもありましたか?」と聞きたくなるようなぶっきらぼうな言い方をするお店もあります。また、「あざ……ます」というように、早口なのかいうのがイヤなのか、「挨拶の省エネ化」をする人もいます。


　ところが3番レジの職人さん(勝手に呼ばせていただいています)は、驚異の速さでレジ打ちをしながら、はきはきした発音で挨拶をする上に、**お客さまに合わせたひと言を添える**のです。

　買い物かごに鯛の切り身が入っていたとしたら「ムニエルにするとおいしいですよ」。地元でとれたじゃがいもを購入したお客さまには「茹でてもおいしいですが、蒸すと最高です」。

　買い物の量から大家族だと判断すれば「新米が○日から発売されますよ」。

　お茶を購入した奥さまには「今年の新茶は稀に見る出来映えだと生産者さんがおっ

しゃっています」などなど。

レジの仕事に誇りを持ち、お客さまに喜んでもらおうというサービス精神が伝わるのが、とても心地よい。

なかでも決め台詞である「今日もお会いできてうれしいです」には、「こちらこそ」と条件反射で答えそうになります。

同じ買い物をするのならば、お得情報や豆知識をシェアしてくれたり、丁寧な挨拶と笑顔で接してくれたり、「今日もお会いできてうれしいです」と気の利いたひと言をプレゼントしてくれる、3番レジの職人さんの列に並びたくなるのは自然なことでしょう。

初めて買い物に来た人でもお馴染みさんでも分け隔てなく「今日もお会いできてうれしいです」と彼女は伝えています。

それは、接客マニュアルから外れた余計な言葉かもしれませんが、**そのひと言がうれしくて、そのひと言が聞きたくて3番レジは大繁盛**です。

マニュアルといえば、「カフェオレをください」とファストフード店でクルーに伝えたら、その店の商品名である「カフェラテですね」と言い換える場面がよく見られます。

そうやって確認するのがマニュアルでありミス防止対策ではありますが、自分が失敗してしまったようで、残念な気持ちになるお客さまもいます（実は、私もそのタイプ！）。

確かに、マニュアル通りの接客はサービスの質に寄与するものです。一方、コミュニケーションを楽しむのも買い物の醍醐味なのですから、場合によっては**マニュアル外れの気の利いたひと言**をお客さまにかける余裕があってもいいと思うのです。

コミュニケーションできる店は愛される。

07 「間接ほめ」は永遠脳殺「○○さんがほめていたよ」

仕事に限らずプライベートの場でも、何よりも感激するのは、人から頼りにされることではないでしょうか。

普段は無口な人から「あなたを頼りにしている」といわれたら、意気に感じますし、「活躍を楽しみにしている」と声をかけられたら、ちょっぴり照れながらも「よし、やるぞ！　期待に応えたい」とやる気がみなぎるでしょう。

人はいつも誰かとつながりたい、関心を寄せてほしいと考えるもの。

人間関係がわずらわしいとか、苦手だとか公言する人であっても、心の中では常に誰かの目を意識しているのです。

あなたが、読みやすくわかりやすく工夫した新商品のリーフレットが完成した。届きたての現物を上司に渡した場面を想像してみてください。

「まあ、いいんじゃない」

と、生返事だったり、

「あとで目を通しておくから、そこに置いておいて」

と、いつになったら見てくれるのかわからないまま、時が過ぎる。

評価をされずよくも悪くも反応がなければ、自分の存在価値に疑問を抱き、仕事へのやる気が失せ、向上心もなくなるのではありませんか。


一方、こういう言葉が返ってきたらどうでしょう。

「限られた時間で、よくできたね」

「成長したなあ」

ほんのひと言であっても、気持ちは違ってきます。「もっと勉強しよう」「次はさらにいいものにしよう」と、やる気と元気がみなぎってくるのは間違いありません。

期待感を込めたほめ言葉は、人間関係の潤滑剤。

ことにチームで仕事をする際や、ビジネスパートナーと初めて組む仕事では、「間

接ほめ」が効果的。具体的には、次のような言い方です。

「○○さんがほめていたよ」
「○○さんがほめていたのがよくわかる」

自分が目の前にいる人をほめる「直接ほめ」ではなく、第三者を介してほめるのが「間接ほめ」。これがよく効くのです。

第三者は「業界の大物」や「部署を超えて仕事ができる上司として一目を置かれている人」など、自分に関心を持ってくれているとは思えない、目をかけてくれているとはにわかには信じられないような、驚きと喜びを感じる人が相応しいです。

直接ほめが「瞬間必殺」ならば、間接ほめは「永遠悩殺」。

というのも、間接ほめは深く長く確かに、相手に記憶されるからです。

仕事がうまくいっているときには「○○さんの期待に応えたい」。うまくいかないときには「○○さんの期待を裏切ることはできない」。

間接ほめのひと言が、お守りになって厳しいビジネスも人間関係も、乗り越えていけます。

ただし「間接ほめ」の嘘は絶対にダメですよ。

当人が確認するはずもありませんが、「そんなニュアンスの発言をしていた」「それらしい声を聞いた」というレベルの事実は押さえておいてくださいね。

間接ほめは深く長く記憶に残る。

08

ピンポイントで具体的にほめる
「○○の部分を見習いたい」

「間接ほめ」と並ぶもうひとつのほめのコツは、**内面のよさを面と向かって伝えること**です。

内面のよさを面と向かってほめられることは、意外と少ないもの。だからこそ、いかに相手が周囲を助けたりいい影響を与えたりしているかを、言葉にすると効くのです。

「よくぞ、そこに気づいてくれた！」と、あなたを見る目が変わってきます。

ここでのポイントは、「優しい」「誠実」という抽象的な言い回しではなく、具体的に伝えること。

「チームみんなの立場を尊重してくれる、渡辺さんの優しさが伝わってきます」

「竹下さんの誠実な対応を、○○社の営業部長がほめていました」

などと伝えます。ふたつ目の例は、「間接ほめ」との合わせ技です。

また次のように、進んで行動したことや勇気を出して行ったことを、ほめるのもいいでしょう。

「皆が嫌がるクレーム処理を率先して行った、秋元さんを尊敬しています」

「池田さんは、混乱した場でリーダーシップを発揮しましたよね」

本人の気持ちを汲み取った伝え方が、好ましいのです。

何か成果を上げたときは、絶好のタイミング。

自慢やアピールはしないものの、本人は誇らしい気分を味わっているはずですから、タイミングを逃さず、相手の心に届けましょう。

「仕事で忙しい中、社労士の資格を取得した井上さんを尊敬します」
「本社営業部で成績上位に入るなんて、石田さんのまねはできません」
「見事なプレゼンで契約を勝ち取った、内山さんを見習いたい」

こんなふうに人は「よくぞ気づいてくれた！」というところをほめられると喜びを感じるものです。

ただし単純に「すごい」「さすが」だけの感想では、ほめ言葉というよりも、お世辞やおだてに聞こえてしまう可能性が大。ですから、

「マルチリンガルなんて、すごい」
「難しい取引先を落とすなんて、さすが」

など、**その人だけに当てはまることを具体的な言葉で伝える。**すると、

「自分のことをわかってくれている」
「認めてくれている」

と、あなたに好印象を抱き、やる気も湧いてきます。

「人は期待された通りに成果を出す傾向がある」といわれます。心理学でいう「ピグマリオン効果」ですね。

ほめることで、相手に自信とやる気を与え、積極的に動いてくれるきっかけになる。それも本人の気持ちを汲み取った「よくぞ気づいてくれた」というほめ言葉ならば、なおさら心に響きます。相手を積極的に動かすだけでなく、高い成果を上げる。ふたつのメリットが期待できるというわけです。

ほめはタイムリーに具体的に。

09

"残念な人"のやる気を引き出す「惜しい！」

人を指導する立場にあるならば、プラスの気持ちで後輩や部下を育てていってほしいもの。

成長しよう、向上しようとやる気満々な部下の仕事が、上司から見て納得できる出来でないからといって、「うーん、まだまだだな」と否定しては、育つものも育ちません。相手の可能性をつぶすだけです。

上司の発言は「人の可能性と成長を信じるもの」であってほしいと思います。

だからといって、甘やかすとかおだてるのではありません。

「ダメ！」を「惜しい！」に変えればいいのです。たとえば、

「惜しいなあ、もうひと息だよ」

「惜しい！　ここを工夫したら、合格点だね」

こんなふうにいわれたら、そのアドバイスを受け入れようと**気持ちの扉が全開になる**ものです。

「惜しい」は相手を応援する言葉であり、勇気づけにもなる言葉です。

現在開業医として地域医療に力を注いでいる友人は、現役で難関の国立大学の医学部に合格。奨学金を受けながら勉強に励み、順調に医師免許を取得しました。

中学時代から彼を知る私は、何度かご自宅に遊びに行ったことがあるのですが、特別に教育熱心な家庭という印象は受けませんでした。彼自身「親から勉強しろといわれたことがない」と話していたのも、ウソではないと思います。

大学受験に際しての、親御さんからのアドバイスもたったひと言「悔いのないように、好きな道を選びなさい」。

そんな彼からかつて聞いたエピソードが今も忘れられません。

彼が小学校に上がったばかりのとき、家の外壁にいたずらで絵を描いてしまったそうです。子供心にも、当然怒られると思ったら、お母さまはこういったというのです。

「惜しい！　もう少し上手だったらいいけれどね」

お母さまは笑いながら、「絵を勉強したいならば、本気でやらないとね」と、彼と一緒にいたずら描きの絵を消しながら、語ったといいます。

またあるとき、書道教室を開いていたお母さまに自信の書を見せると、

「惜しい！　もうちょっとね」

「ここのはらいは、うまい。止めをこうすると、よくなるわよ」

ほめるべきところはきちんとほめ、足りないところはしっかり教えてくれたそうです。

「惜しい！　もう少しだね」といわれると、**人は諦めかけていたことも、やり直す気持ちになります。**

もちろん危険なことや高いリスクが想定される道を選びそうになったら、注意をするのは当然。

でもそうであっても頭ごなしに「ダメ！」といっては、本当にダメなのです。

相手は何がダメなのか理解できませんし、全否定された気持ちになります。仕事の完成度が気に入らないという意味でのダメ出しなのに、人間性や能力、性格……どれをとっても「ダメ」といわれているように思える。

心が弱っている人ならば、出社そのものがつらくなりかねません。

ダメなチーム、ダメな会社は上司の「ダメ出し」に原因がある。経験的に私はそう捉えています。

上司として部下を育てる。チームの成果を出す。あなたが責任ある立場にあるのならば、ダメ出しは絶対にNG。

本当はダメな相手でも、「惜しい！」で応援し、勇気づけしながら、能力を引き出してあげましょう。もちろん、子育てでも使える言葉です。

できる上司はダメ出しではなく「惜しい！」という。

10 「頑張れ」よりも断然響く励まし言葉「いいね！」

「沿道で〝頑張れ！〟と応援してくださる皆さんの気持ちはうれしかったけれど、いわれればいわれるほど負担になりました。自分は競技が好きで走っているだけ。ラストスパートをかける頃には、声援は耳に入れないようにしていました」

だいぶ以前、スポーツ誌に掲載されていたマラソンランナーのインタビュー記事に釘づけになりました。

「〝頑張れ〟が負担になる？」「応援の声を耳に入れないようにしていた？」

にわかにその選手の心情が理解できませんでした。

記事の中で「応援してくださるのは本当にうれしいですし、ありがたかった。あの頃は、自分が弱かっただけなのです」と、恐縮しながら、応援への感謝を伝えていたのも気になりました。

誰もが実力を認める選手ですし、思うような結果が得られなくても、彼女を責める人はいないでしょう。「スポーツ音痴な私には、アスリートの気持ちが理解できないだけなのかな？」。当時はそこで思考が停止していました。

しかし、時を経て、**その言葉の真意が私なりにわかるようになった**のです。

「頑張れるよね。このままじゃ取引は打ち切りだ」

と、商談で納入価格の値下げを強いられたり、

「頑張らないと、臼井さんの会社、業界からはじき出されちゃうよ」

と、励ましとも脅しともつかぬ言葉をかけられたり、

「もっと頑張ってよ〜。期待しているんだからさ」

と、バカにしたような発言を同業者から受けたこともありました。

そんなとき、あの記事がよみがえってきたのです。

「頑張れ」は、必ずしも応援や励ましにはならない。

私が受けた「頑張れ」はアスリートに向けられた「頑張れ」とは主旨が違うけれど、

簡単に「頑張れ」といってはいけないと思いました。

私たちは、家族や友人、知人、同僚……何かに挑んでいる人に何気なく、「頑張ってね」「頑張ろう！」といいますよね。そこには悪意も嫌味もないし、「ファイト！」のようなエールの意味で気軽に使っている人も多いと思います。

でも、こう考えてみてください。

あなたが必死になって何かに取り組んでいる場面で、軽い調子で「頑張れ」といわれたら？　顔ではニコニコしながら、内心、「十分、頑張っているんだけどなあ」とがっかりする瞬間はありませんか。お笑いで、

「頑張れ！」

「そういう、おまえが頑張れ！」

というやりとりがありますが、これって、ひとつの真実を含んでいると思います。

「頑張れ」は、頑張っていない人にいう言葉。

知恵と行動力を駆使して必死に挑んでいる人はこれ以上、頑張れないレベルまで頑張っているのです。ほほ笑みをたたえていても、もがき苦しみながら、挑戦しています。

そういう人に「頑張れ！」「頑張りなさい」というのは酷ではないでしょうか。

応援や励ましを伝えたいのならば、

「いいね！」

「いいじゃないですか！」

素晴らしい、素敵、最高……相手を認め称賛を込めてそう伝えたほうが、負担にならず伸び伸びと、前へ進めると思うのです。

では、地域活性化や復興のスローガンとしてさまざまな形で使われる「頑張ろう！○○」はどうなの？　と思う人もいるでしょう。この「頑張ろう！」は、不特定多数が対象で共感や協調、協力を促す意味ですから、問題ではありません。PRの一環ですし、皆を鼓舞する意味でも「がんばろう！　日本」と多くの方が声にしても誰も重荷に感じることがないのです。

「頑張れ」は、必ずしも応援や励ましにはならない。

距離を一気に縮める「9文字のプレゼント」

「気になっていました」

出会った瞬間に、「気が合う」と思った。

この人とならば、「うまく仕事ができる」と確信した。

理屈抜きにそう感じた経験は誰にでも、あるはずです。

なぜそう思うのか？

人は挨拶や自己紹介、会釈やほほ笑みなど、出会ってからわずかの時間に交わされる「ほんのひと言」「ワンアクション」の中に、**自分への好意や関心を察知すると、相手に心を開く**ものだからです。

特に心に響くのは、飾り気のない素直な言葉。

出会えてよかった。今日を心待ちにしていた。あなたの活躍を頼もしく見ていた。憧れの存在だった……相手へのリスペクトを込めた「9文字のプレゼント」。

「気になっていました」です。

「気になっていました」と声をかけられて、イヤな気持ちを抱く人などいません。

仮に、あなたが、社会的に地位や名声のある人、取引先の役員など、自分のことなど眼中にもないと思う人から、「気になっていました」といわれたらどうでしょう。

「注目してくれている」「自分の仕事を理解してくれている」

うれしさと共に相手を受け入れ、役に立ちたいと思うでしょう。その瞬間、相手の意のままになってしまうといっても過言ではありません。

「気になっていました」は、相手へのリスペクトを込めたプレゼントのひと言であり、仕事やプライベート、どんなシチュエーションでも、あなたが主導権を握ることができる「キラーフレーズ」です。

「気になっていました」なんて恥ずかしくていえない。異性だったらおかしな誤解をされるのではないか？

照れていいじゃないですか。あなたの純粋さの表れですし、男女や年齢を超えて、お互いの気持ちが盛り上がってこそ、いいチームが生まれ仕事の成果も出るのです。
「気になっていました」を相手との距離を縮める武器として活用しましょう。

「相手が自分より地位も年齢もずっと上の場合、『気になっていました』だと生意気に思われないでしょうか」

セミナーでこの話をしたとき、20代の女性からこんな質問を受けました。確かに、その心配もわかります。そんな人には、もうひとつの「9文字のプレゼント」をお教えしましょう。

それは、「**あこがれていました**」です。

初対面で、名刺を交換し長々と自己紹介をしたり、これまでの実績を誇るよりも、相手をしっかり見つめほんのひと言「気になっていました」。

その場の雰囲気がフランクなものであったら、弾むように明るく「気になっていました！」。

自分よりもずっと年上で誰もがその活躍を知る人には、やりすぎない程度に、ゆっくりとかみしめるように「あこがれていました」。

相手に好かれようと、「素晴らしいご活躍ですね」「雲の上の存在です」「○○さんを知らない人は、業界ではいません」などと、ほめ言葉やお世辞とも受け取られかねない言葉を並べ立てるよりも、ほんのひと言「気になっていました」「あこがれていました」というほうが、ストレートに響きます。

このひと言を初対面での相手への「プレゼント」と決めてから、30年あまり。年齢や性別、職種や地位などが違ってもすべったことは一度もありません。調子のいい奴、言葉巧みにすり寄る人間と思われたこともありません。

相手は穏やかな笑みを浮かべ、「えっ、どこが気になっていたの？」「どこにあこがれているの？」と聞いてくる。そう、**承認欲求が刺激され、距離が近づく**のです。

「気になっていました」で相手のふところに飛び込む。

第2章

欲しい結果を手にする メールのひと言

01 「お世話になっております」＋変化球
「御社の仕事は速い○○です」

「お世話になっております」「お世話になります」。これらはビジネスメールでは決まり文句。実際、私に届くメールの9割はこうした切り出しから始まります。

忙しい中、大量に届くメールに対応するため、こうした定型文を使うのは工夫ともいえますが、毎回同じでは味気ない。

相手ともう少し親交を深めたい。大切だという気持ちを伝えたい。自分も特別な存在になりたい。そんなときには、**ちょっと変化球をプラス**してみましょう。


「お世話になっております。出張先の大阪から臼井由妃です」

「お世話になります。御社の仕事は速い臼井由妃です」

「いつもお世話になります。外出は自粛しても仕事は自粛しない臼井由妃です」

たとえば、こんな調子で、挨拶にひと言プラスするのです。

顔が見えないメールでも、こうした現場感を表すひと言をプラスすれば、直に会っているかのように相手の心に届く。**相手との距離が半歩近づく**。そんな期待を込めて、「お世話になっております」に、ひと言をプラスしてメールします。

すると、

「こちらこそお世話になります。大阪には以前、赴任していました」

「お世話になります。レスポンスが遅くてごめんなさい（笑）」

「お世話になっています。私は外出自粛で3キロ太りました」

仕事の本筋からは少々外れますが、現場感＝今を演出するプラスのひと言のおかげで、お互いの距離が縮まります。結果、自然とプライベートな話が出たり、意外な情報を知ったり。**コミュニケーションが円滑になり、仕事の連絡や相談、報告もしやすくなったり。**

相手の体温を上げる「ひと言」はメールでこそ、活きる。

この気づきはコロナ禍での、一番の学びです。

いつもは淡々としたビジネスメール派の相手から、「どうお過ごしですか」と気遣いを込めた一文が届く。これまでにはなかった「ご自愛くださいね！」「また早くお目にかかりたいです」というシメの言葉を添えてくれる人が増える。

新しい生活様式においては、優しさとぬくもりを感じるメールの「ひと言」を求める人が多い——それをリアルに感じたのです。

コミュニケーションは時代に合わせて変化していくもの。相手の心情や環境を考慮しながら、交わす言葉も積極的に変えていくのが、望まれるでしょう。

そして、長々とメールを書く。難しい言葉で相手の調子を狂わせ、話の主導権を握ろうとする。強い言い回しで相手を圧倒する。そんな力ワザ的コミュニケーションが通じる時代は終わったとも実感しています。

新しい生活様式で活きるのは半歩近づくひと言。

02

〝初モノ感〟で鮮度をプラス
「ワクワク超え」

人は予想もしていないことに弱いものです。

それまで誰からもいわれたことがない長所を指摘され、驚くと共に、気づいてくれたことがうれしくて、相手に関心を持つ。好意を抱く。

少々的外れな発言だとしても、

「そういう見方があるのかな?」

「そういう視点も大切だよね」

と感心したりする。

メールでも同じです。

初めて知る、自分ではあまり使わない、滅多に耳にしない「初モノ」に人は心をつかまれます。次をご覧ください。

［グループ1］

・楽しい
・うれしい
・光栄です
・ワクワクする
・胸が高鳴る
・ドキドキする

［グループ2］

・夢見心地
・愉快爽快
・歓喜する
・ワクワク超え

・鬼テンション
・眠気が吹き飛ぶうれしさ

グループ1も2も「喜びを表す表現」ですが、1は皆さんよくご存じのフレーズなのに対して、グループ2は、「こんな言い方もするよね」「聞いたことがあるようななないような?」とさまざまな感想を持ったのではないでしょうか。

実はグループ2は、思いつくままに喜びを表現したもので、言葉の使い方としては間違っているものも、造語も含まれています。

そうであっても、大半の方が、興味を覚えたのは、グループ2ではないでしょうか。これは言葉に「初モノ感」があるからです。メールに、

「素晴らしいチームで仕事ができて光栄です」

とあるのと、

「素晴らしいチームで仕事ができて夢見心地です」

とあるのとでは、後者に「ドキリ」としたのではないでしょうか。

メールのやりとりで毎回、とっておきの情報や大きな気づきを相手に届けられなく

ても、「初モノ感」のあるひと言を使えば、**ちょっと違う特別なメール**として、相手は受け取ります。

意味が通じない、ひとりよがりなひと言ではいけません。また、使いすぎは逆効果になる、相手との関係性やキャラクターを見極めるという注意点もあります。

それでも、誰でも使う無難な言葉だけでメールを打つよりも、相手は興味を抱きます。「初モノ感」でメールを演出してみましょう。

〝初モノ感〟で時には相手をドキリとさせる。

03

年齢・性別を問わないキラーフレーズ「心待ちにしています」

第1章で、初対面の相手との距離をたちまち縮めるキラーフレーズを紹介しました。

そう、「気になっていました」です。メールでも、同様にキラーフレーズがあります。

それは、**「心待ちにしています」「心待ちにしていました」**です。


たとえば、アポイントを取る際のメールでは、日時と場所、ミーティングの課題などを記すと共に、

「○日を心待ちにしております」

面談後にお礼のメールを送るときには、

「またお会いできる日を、心待ちにしております」

というように使います。

「心待ちにする」という表現は、柔らかで優しい印象を与え、意味も明確に伝わりますが、メールで使う人はあまりいませんから目に留まります。**心がつかまれる**のです。

私自身、この一文を入れるようになってから、明らかに面談のお願いやおうかがいがすんなり通るようになりました。

あこがれていた経営者や作家とご縁ができたり、以前から仕事をしたいと思っていた出版社と仕事をする機会を得たり、メディアに出演するチャンスをいただいたり。

「心待ちにしています」が、私の仕事と人生に多くの宝物を与えてくれました。

「心待ちにしています」は仕事と人生に効く万能フレーズ。

04

お願い事のパワーワード「〇〇さんを見込んで」

社内や取引先、プライベートでも何かをお願いするのは気がひけるものですよね。明らかに相手は忙しい、気難しい、地位がある、条件が厳しいことをお願いする場合ならば、なおさらです。

「臼井さんなら平気でしょう」といわれることもありますが、私だって内心はヒヤヒヤ。ことに顔が見えないメールでのお願いは、強引な言葉遣いやしつこい言い回しで、相手の気分を害さないように注意をしています。

かといってお願い事が伝わらない、説得力がないメールになってしまったら、本末転倒。

そこで**まず「口説き文句」をひと言添えてから、本文を書く**ようにしています。

たとえば同僚や部下にお願いをするならば、

「○○さんを見込んで、お願いします」

「○○さんだからこそ、お願いしたいのです」

上司や目上の方には、

「尊敬する○○部長に、お願いしたいのです」

「見識豊かな○○さんに、お引き受けいただきたいのです」

取引先には、

「お力のある○○社さんにしか、できないことなので……」

「開発力に優れた御社にしか、お話しできないのですが……」

プライベートのお願いは、

「○○さんが、頼りです」

「こんなご相談ができるのは○○さんだけなので」

などと記します。

ポイントは、**口説き文句はさらっと、事実を伝えるにとどめる**こと。

たとえば、「見識豊かで、人望があって、業界屈指の人脈の持ち主の○○さんに、お願いしたいのです」などとメールにあったら、ほめ殺しか？　何か企んでいるのか？　と思われかねませんよね。何事もやりすぎは禁物！

そしてお願いの趣旨のあとには、少々ずるいですが、

「断られても、しつこく粘りませんから安心してください」（同僚や部下、友人に）

「○○部長のご判断を信じています」（目上や上司等に）

「断られてからがビジネスと承知していますので、遠慮はいりません」（取引先に）

などと一文添えてメールを終わります。いわば、お願い事のダメ押しです。

さらに「私にだけメリットが生まれることではない。あなたにもメリットがある」ということを、常に心に留めながら書くことが大事です。

依頼は、口説き文句とダメ押しをダブルで記す。

05

件名にスパイス「その視点があるとは驚きました」

「その視点があるとは驚きました」

それはあるクライアントからいただいた件名に書かれていた「ひと言」。諦めモードな私を、やる気満々に変えた忘れられない言葉です。

10年ほど前、ある企画をクライアントにメールで提案したときのことです。

その企画は、これまでにチャレンジしたことがないジャンル。市場の需要の高まりを肌で感じ自信はあったのですが、実は心の中では、

「実績のある〇〇ジャンルなら検討しますが、ご提案の△△は未知数で……」

と、そっけないお断りの返信があると、予測していました。

企画を出しておきながら「どうせ、ダメだろう」と考えていたのです。

ところが、翌日、返信がありました。そのメールの件名には、

「その視点があるとは驚きました」

驚いたのは私のほうです。レスポンスの速さはもちろんのこと、**件名がこれまでに見たことがないもの**だったからです。

期待できる返事かも……！　本文を開きながら思わず笑みがこぼれます。

「△△のジャンルでの商品化は考えたこともありませんでした。それを臼井さんがいち早く導入なさっていたとは驚きました。ぜひ詳しく打ち合わせをさせてください」

予測しない返信に小躍りし、「絶対にいい商品にします」と即、送信。

「売りましょう！」と相手からも即、返信。

勢いが生まれいい流れになって、新たなジャンルでの最初のヒットになりました。

うまくいったケースだからという理由で、「その視点があるとは驚きました」が強く印象に残っているわけではありません。仮に、お断りのメールであっても、「その視点があるとは驚きました」という件名であれば、きっと、そのときの私はうれしかったと思います。提案はしたけれど、自信はなかった。しかし、メールの相手は、「**ユ**

ニークな視点を持っている」と能力や個性を認め、敬意を表してくれたと感じるからです。

それから、提案書や企画書などメールでやりとりする際に、相手の発想やパワーに感激したときは、件名に「その視点があるとは驚きました」と書くようになりました。少しアレンジして、

「私には浮かばないアイデア、驚きました」

「スゴい着眼、勉強になります」

も要所要所で使っています。

件名の欄には無意識に、「連絡」とか「ご相談」「了解しました」と書いてしまいがちですが、時にはこんな特別な件名で相手に返信してみてはいかがでしょうか。

件名のひと工夫でポジティブな空気が伝わる。

06

選択肢をあえて絞る「○日の△時はいかがですか」

ここまでは、柔らかな一文で相手との距離を縮めたり、ドキリとさせる方法をお伝えしてきました。でも、もちろんビジネスメールですから、手綱を握るべきところはしっかりと握る必要があります。

たとえば、アポイントのとき。さり気なく自分のペースに相手を巻き込んでいきましょう。

メールで面談をお願いする場合、「今月中で、○○さまのご都合に合わせますので、お目にかかれませんでしょうか」では、相手に日時の選択をする余地を与えすぎてしまうだけでなく、こちらは大して忙しくないというマイナスの印象を与えかねません。**人気のない人に、相手は興味を持たないのです。**

たとえば、次のようにしてはどうでしょう。

①12月7日（月）の15時以降18時まで
②12月9日（水）の14時以降16時まで
いずれかで1時間ほどお目にかかることは可能でしょうか？

ご検討ください。


こうすることで、スケジュール設定＝時間の手綱は自分が握るだけでなく、選択肢が絞り込まれることで、相手も返事がしやすくなります。


面談をお願いされる場合も同様です。

「来週中に、1時間ほどお時間をいただけませんでしょうか？」というメールに、

「はい、来週でしたらいつでもいいです」

「すべてご都合に合わせます」

なんて返信をするのはNGです。

せっかくこちらに十分な余地を与えてくれた＝時間の手綱を渡してくれたメールなのですから、少なくとも、

> それでは火曜日の12時から13時、
> 木曜日の13時から14時、
> このいずれかでご検討ください。

と返信しましょう。

この場合、時間の手綱は握りつつ、メールに記した選択肢は2案ですから相手にも検討する余地があります。絞り込んで「ピンポイントですが、木曜日の13時から14時でしたら時間がとれます」にすると、完全に時間の手綱は自分のものになります。

相手からのお願いメールには選択肢をひとつに絞って返信し、こちらからお願いするメールには選択肢をふたつつくって送信する。これは、通常の私のセオリーです。

もちろん、選択肢の数は、あなたのキャリアや相手との関係性で**柔軟に変更して**いいでしょう。

不思議なものでこうすると相手には、「忙しいのにスケジュールをわざわざ空けてくれたんだ」という気持ちが残ります。

面談や仕事のスケジュールを決める場合、**「相手の都合に合わせる」ことが、気配りであり親切だと考えていたら間違い**です。

選択肢をあえて絞って選びやすくしてあげることが親切なのです。

なお、これはあくまで基本です。たとえば、アポイントに何カ月もかかる今が旬の相手やVIP、期日の差し迫ったメディア対応など、相手からのお願いであってもどうしても先方の都合に合わせざるを得ない場合はもちろん例外です。

時間の手綱をメールで握る。

07

記憶に残るシメを演出
3Yフレーズ

ビジネスパーソンが日々、受信するメールはおよそ50通、1通のメールを読む時間は約1分19秒という調査結果がありました。役職者やキーパーソンならば、この何倍ものメールを受け取っているでしょう。

その中であなたのメールがキラリと光るにはどうしたらいいでしょうか？

そこで大事になるのが「**シメのひと言**」です。本文を終えたあとに1行空けて、信頼を損なわない程度に「やわらかい、やさしい、やすらぎを与える」一文を添えるのです。それぞれの頭文字をとり、臼井流「**3Yフレーズ**」と呼んでいます。

前回の打ち合わせのときの雑談を活用すれば、

「教えていただいた本、早速購入しました」

パワポの達人には、

「○○さんのプレゼン資料のセンスを学びたいです」

相手への関心の深さを示すには、

「○○さんの行動力に脱帽しています」

こんなシメがあれば、相手は「私に関心を持ってくれている」「好みを覚えていてくれたんだ」と、うれしくなります。

メールで、記憶に残るのは最後の言葉。**まずは親しい相手から始めてみましょう。**するとと相手からも「3Yフレーズ」を添えたメールが返ってくるようになります。

なお、先に紹介した「お世話になっております」+ひと言を添えるときは、3Yフレーズは入れないほうがいいでしょう。冒頭でひと言、最後に3Yではうるさいですからね。

やりすぎず、相手への関心をさらりと示すことで、人間関係はより豊かになります。


「3Yフレーズ」でその他大勢から脱する。

08

次につながる断り言葉「今回は」

相手からの申し出やお誘いを受けられない場合、はっきり断ることは大切ですが、「お断りします」という一文で終わりにしてしまうとやはり角が立ちます。**声や表情を伝えることができないメールでは、思った以上に言葉が厳しく強く冷たく伝わってしまうこともあるからです。**

その点を意識して、柔らかな表現を心掛けましょう。

いくつか具体的なフレーズと共に紹介しますね。

①お断りではなく「辞退」や「見送らせていただく」を使う

できる限り、「お断りします」ではなく、「辞退いたします」や「見送らせていただきます」という言葉を使うといいでしょう。こうした言い回しのほうが、相手に敬意を表すことができます。

②クッション言葉をはさんで断る

「辞退いたします」「見送らせていただきます」の前に、「恐れ入りますが」や「大変恐縮ですが」などのクッションになる言葉を述べてから断ったほうが、柔らかな印象になります。

③感謝の言葉を前振りして断る

「大変ありがたいお申し出ですが」「ご期待に沿えず誠に申し訳ありませんが」といった感謝の念を込めた前振りをしてから断ります。

④「今回は」で相手を受け入れる姿勢を示して断る

「今回は辞退いたします」というように「今回は」をつけることで、相手を全否定するのではなく、受け入れる姿勢を示します。このフレーズを使うことで相手も自分も精神的な負担がぐんと減るものです。

相手からの希望を断るのは、たとえ友人であっても気まずいもの。ビジネスシーンで、目上の方やそれなりの立場の方からのお願いや申し出を断るのは、なおさら気が進まないでしょう。

しかし、断るのが苦手だからといって安請け合いをして、約束を果たせなかったり、期待を裏切る結果しか出せなかったりしたら、相手の痛手ははかりしれません。あなたの信用は失墜し、二度と声がかかることはないでしょう。

一方、**上手に断ることができれば、次につなげることができます。**

断ったからといって、それですぐ人間関係が悪くなったり仕事のチャンスを失くすことにはなりません。**できないことは誠意をもって、早めにお断り**しましょう。

デキる人は次につながる断り方をする。

09

励ましはさり気なく「安心して、自信を持って」

部下が落ち込んでいるときは、さり気なく励ましのメールを送って、部下を奮い立たせるのも上司の役目。でも書き方を間違えると、さらに相手のモチベーションが下がってしまうこともあるので、要注意です。

チームで仕事を進めている中、やる気が失せているのではないかと思われる部下には「諦めずに、やりなさい」ではなく「諦めずにやり遂げたら、成長する」と、**明るい未来をイメージするような言葉**を送ります。

前述したように、「頑張れ」「頑張りなさい」は善意で伝えたつもりが、プレッシャーになりやすいひと言ですから、基本、私は使いません。ただ、部下の能力を最大限認め、成長を促すときには、

「次は私も手伝うから、一緒に頑張ろう」
「頑張っているね。○○さんのおかげで助かっているよ」

と、**「頑張った結果」をほめ、自分も協力する姿勢**をメールで示します。

部下にとって、上司が自分の頑張りを見守っている、きちんと評価していることほどうれしいものはありません。

本来の能力を発揮できず不注意からミスを連発している部下には、メールで叱ったり注意したりするのはNG。本人が誰よりも自覚していますから**わざわざメールでダメ出しすることはない**のです。

部下を励ますときは、**「カバーする」や「サポートする」といった言葉**を選び、メールの最後に、「遠慮せずに、メールしてください」というような一文を添えるとよいでしょう。

仕事に行き詰まっている部下には、

「最初からうまくできる人はいない」

「以前、私も同じような経験をした」

などと緊張やプレッシャーを取り除く言葉を書き、メールの最後には、

「完成は近い」

「今が踏ん張り時」

などと期待を込めたひと言を添えます。

ただし、「成功するのは間違いない」などは、新たなプレッシャーを与えることになるので避けましょう。

部下が欲しいのは自分を認めてくれる言葉。

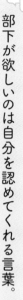

10 スルーされない相談メール
「お力を貸していただけませんか？」

「報・連・相」（報告・連絡・相談）の中でも、とりわけ重要なのが相談。私はそう考えています。タイムリーに相談すれば風通しがよくなり、立場を超えて知恵が集まり、建設的な意見やアイデアも生まれます。

でも、忙しい相手の姿を見ると、実際はなかなかメールしづらいですよね。

相談にあたって注意するポイントは５つです。

①自分が相談される立場になってメールを作成する
②一番聞きたいことから切り込む
③相談内容を簡潔に書く
④最後は「？」で締めくくる

図 2-1

件名：新商品ネーミングのご相談

武田部長

新商品のネーミングの件について
アドバイスをいただきたく思っております。

大真面目に、『スグウレール』や『タチマチハヤール』
『ニンキニナール』等をチームで考えました。
笑みがこぼれる、忘れない、話題になるなど、
メリットがあると考えます。

13日の会議前に、30分ほど部長のお知恵をいただけませんか？

開発チーム　山本里美

⑤タイミングをはかり送信する

相談メールの件名は「新商品ネーミングのご相談」というように、相手が読んですぐにわかるようなものにします。「お疲れさまです。開発チームの〇〇です」では伝わりませんよ。

数値や期限などがはっきりしているものは、忘れず書きます。

さらに、漠然と質問を投げかけないで、図2－1のように自分の意見を先に示します。

相談のメールは、最後を「？」で締めくくると相手も返信しやすくなるようです。

「～をお願いできないでしょうか？」

「～でよろしいでしょうか？」

「お力を貸していただけませんか？」

など「？」で締めくくるのです。


私は、相談メールを送る際には、「？」で締めくくったあとに、「至急、ご検討お願いいたします」や「ご都合をお聞かせくださいませ」など、ひと言添えもしています。

メールはいつでも出せますが、重要な会議の前に送ると見過ごされたりタイミングが悪いヤツと思われかねません。また、深夜に書き上げ即送信すると、「何事が起きたのか？」とぎょっとされる可能性がありますから、メールを見直す意味でも、送信は翌朝にするといいでしょう。

とにかく「相手の立場」に立って作成しよう。

報告と連絡の鉄板ワード
「ご確認ください」「現状を共有します」

報告や連絡のメールは上司や同僚、部下など社内のさまざまな相手に送りますから、誰が読んでも誤解が生じない、失礼がない文章であることが大事です。誤解が生じないように、現状やプロセスなどを示す具体的な内容にするといいでしょう。ここでは、社内向けの報告や連絡の便利なフレーズを紹介します。

- **パターン①** **「～につきまして、ご報告いたします」**
  例文 「○月○○日開催の内覧会の件につきまして、ご報告いたします」
- **パターン②** **「～につきまして、ご連絡いたします」**
  例文 「明日の社内会議の日程変更につきまして、ご連絡いたします」

・**パターン③**「〜につきまして、ご説明いたします」

例文「パソコン周辺機器見積もりにつきまして、ご説明いたします」

・**パターン④**「〜とお伝えしました」

例文「○月○日（○曜日）○時に株式会社○○の○○さまより○○部長宛てにお電話があり、外出中で○時には帰社とお伝えしました」

・**パターン⑤**「〜とのことです」

例文「○○部長のご意見としては、先方のご要望をうかがった後、改めて社内で判断したほうがよいのではないかとのことです」

いずれも連絡・報告の基本パターンですから、押さえておきましょう。

トラブルの報告メールは苦手という方も多いでしょう。ポイントは3つです。

図 2-2

件名:「PCデスク　品番AB123Z」不具合に関するクレーム処理の報告

三井部長

販売部の田中一郎です。表記の件についてご報告いたします。

●1　クレーム内容:
お客さまよりサポートセンターにお電話。
一度の使用で天板にゆがみが生じた。
テレワークのため、急ぎ購入したもので、
至急、交換してほしいとのこと。
サポートセンターからは、着払いで返品のお願い。

●2　対応:
○月○日、着払いで現品を受け取り、商品不具合を確認。
お客さまにお電話、丁重に謝罪。交換品の発送日をご連絡。
○月×日、お客さまから商品到着、問題なしというお電話。

●3　在庫検証:
同様の品番の商品に不具合の可能性がないか、販売部で検証。
在庫17点に問題はなし。

以上、ご確認ください。

①結論を先に報告し、状況や感想・意見などの情報はあとで伝える
②緊急性、重要性、客観性に注意して伝えるべき情報を整理する
③箇条書きを使ってシンプルに書く

図2－2はこの3つのポイントを用いた例文です。

報告であれば、最後に「ご確認ください」「ご確認いただければ幸いです」。

連絡であれば、最後に「現状を共有します」「念のため共有します」。

こんな一文で締めると、**きちんとした印象を与え、内容が伝わりやすくなると共に、**仕事を共有している感が生まれます。

仕事を共有している目線を忘れずに。

12

10万部のヒットを生んだメール「ゴタゴタは成功の前触れ」

私自身の著書にまつわるメールのエピソードをご紹介しましょう。

言葉は不思議なものですね。誰がどのタイミングで伝えるか？

言葉の意味は同じであっても、伝えるべき人が絶妙なタイミングで、その人らしい言葉で相手の心情を察しながら伝えることで、**想定以上の働きをする**ことがあります。

「ゴタゴタは成功の前触れ、幸先がいい！」。これは、「やりたいことを全部やる！」シリーズの第1弾である『やりたいことを全部やる！時間術』（日経ビジネス人文庫）が生まれるきっかけになったひと言です。

10年以上前にベストセラーとなった私の書籍『1週間は金曜日から始めなさい』（かんき出版）を抱え、打ち合わせに現れた女性編集者との出会いから始まります。

彼女が持つ本は付箋だらけで、読み込んでいることが明らかにわかります。10年以上も前の本をそこまで大切に読んでくれていることに、胸が熱くなりました。

「でも、打ち合わせは新刊の企画のはず。そうか！　本書を参考にするのね」

そう内心思っていましたが、彼女の思惑は違うものでした。

「この本を文庫化したいのです！」

ひと昔前の本ですよ。しかも、その後新書版にもなっている。それをまた文庫にしようなんて、彼女は何を考えているのか？

「働き方改革が問われている今だからこそ、ビジネスパーソンが手軽に読める文庫として、この本を新たに出版する価値があると思います」

「それはありがたいお話ですが、内容が古臭くないですか？」

自著を「古臭い」なんて、著者として口にしてはいけない言葉をあえて使いました。相手の真意を知りたかったのです。

「大幅な見直しが必要だと思いますし、加筆修正する箇所も多いと思いますが、本物は色あせません！」

彼女の熱意に押されて、「ではお願いします」と。

しかし、快諾したものの企画会議で賛同を得るのは難しいと考えていました。

「ベストセラーの文庫化とはいっても、10年以上前の、しかも新書にもなった本を出す価値があるのか?」

「このジャンルは飽和状態。よほど斬新な切り口でないとヒットは出ないのに」

企画に自信を持つ彼女には申し訳ないですが、すんなり決まるとは思っていなかったのです。

それから2週間後。

「ごめんなさい。企画会議で差し戻しになりました」

電話の声が沈んでいます。うなだれている様《さま》が伝わってきました。

「わかりました」

私は簡潔に電話を切りました。

ここで一緒になって意気消沈していたら先へ進みません。

それにこの事態は私にとっては想定内ですから、電話を切ったあと、彼女に次のようなメールを入れたのです。

「ゴタゴタは成功の前触れ、幸先がいい！」

これは、根拠がないひと言ではありません。

反対や疑問の声があがるのは、その企画をあらゆる角度から、さまざまな人が真剣に見てくれている「関心の表れ」。**その気がない物事に人は反応しないのですから、ゴタゴタや、侃々諤々《かんかんがくがく》はうれしい反応**なのです。加えて、

「みんなが売れると盛り上がって決まる企画はスベる」

とも添えました。

盛り上がるのはいいけれど、勢いだけで進んでしまう。骨太の本にはならないから。ゴタゴタするほうが、いい結果が得られるという意味で伝えたのです。

「ゴタゴタは成功の前触れ、幸先がいい！」。実は、これは私の生き方、仕事の神髄。人生の格言ともいえるものです。

それが気弱になっていた彼女に刺さり、立ち直って企画書の再提出、決裁、刊行にいたりました。

そして、その文庫『やりたいことを全部やる！時間術』は、10万部のヒット作になっ

たのです。

読者の皆さんも、やりたいことがあるのに「あなたには無理だ」「勝ち目はないよ」と周囲に反対されて、落ち込むときもあるでしょう。

でも、**スムーズにいかないときはむしろ喜んでいい**のです。

反対されるのは関心を持たれている証拠。「ゴタゴタは成功の前触れ、幸先がいい！」と捉え、反対理由をひとつずつ確認、検証、解消していけばいい。

その先には成果というご褒美が必ず待っています。

関心がないことに人は反応しない。

13 あえてのアナログ「一筆箋」

手間要らずなのに好感度アップ

　ここまでは、メールを想定した言葉術を紹介してきました。本章の最後に「あえてのアナログ」事例を3つご紹介しましょう。

　メールやメッセンジャー、ラインなどコミュニケーションはデジタルが主流だからこそ、あえて時代と逆行したアナログは、**相手の印象に強く残る**ものとなります。**いわば飛び道具**。戦略的に使えば効果ばつぐんです。

　まずは、一筆箋です。

　一筆箋は、さまざまなデザインのものがありますが、基本は縦18センチ、横8センチほどの短冊型の便せんです。私の場合、書くときは3行、多くても5行。

　限られたスペースだからこそ、手紙にある頭語、結語などといった書き方のルールもありません。そのため、ストレスなく気軽に短時間で書くことができます。

文章が苦手な人、忙しくて時間がない人にうってつけの「コミュニケーション・ツール」なのです。

多くのやりとりがメールで行われる中、資料や品物を送付するときに添える手書きのメッセージはそれだけで印象に残ります。

中身以前に、「へえ、この人はこういう字を書くんだ」という新鮮な驚き、さらに「わざわざ書いてくれたんだ」という喜びや感動を与えることがあります。

字が上手でなくても、少々言い回しがおかしくても、その人らしさが感じられ、うれしいもの。

一筆箋は送る側と受け取る側の心をつなぐ「魔法のツール」なのです。

「臼井由妃先生
羽田空港で、先生がお好きなキティちゃんの付箋を見つけました。
可愛がってください」

これは以前いただいた贈り物に添えられたメッセージです。
ニコニコマークがプリントされた一筆箋に「可愛がってください」のひと言。
相手の優しさが伝わってきました。
意外な場所でこんな一筆箋をいただいたこともあります。

「臼井さま
いつもお忙しい中、ご来店いただきありがとうございます。
美容の話、とても参考になります。次回も聞かせてくださいね」

これはときどきうかがうエステサロンで帰り際にいただいた「お手製のマスク入れ」に添えられていた一筆箋です。美容のプロに、素人の私が得意気に美肌の秘訣や食生活について、施術中話をしていたかと思うと汗が出ますが、きちんと向き合ってくださっている姿勢がうれしくなりました。

「うすいゆきさんへ

図 2-3

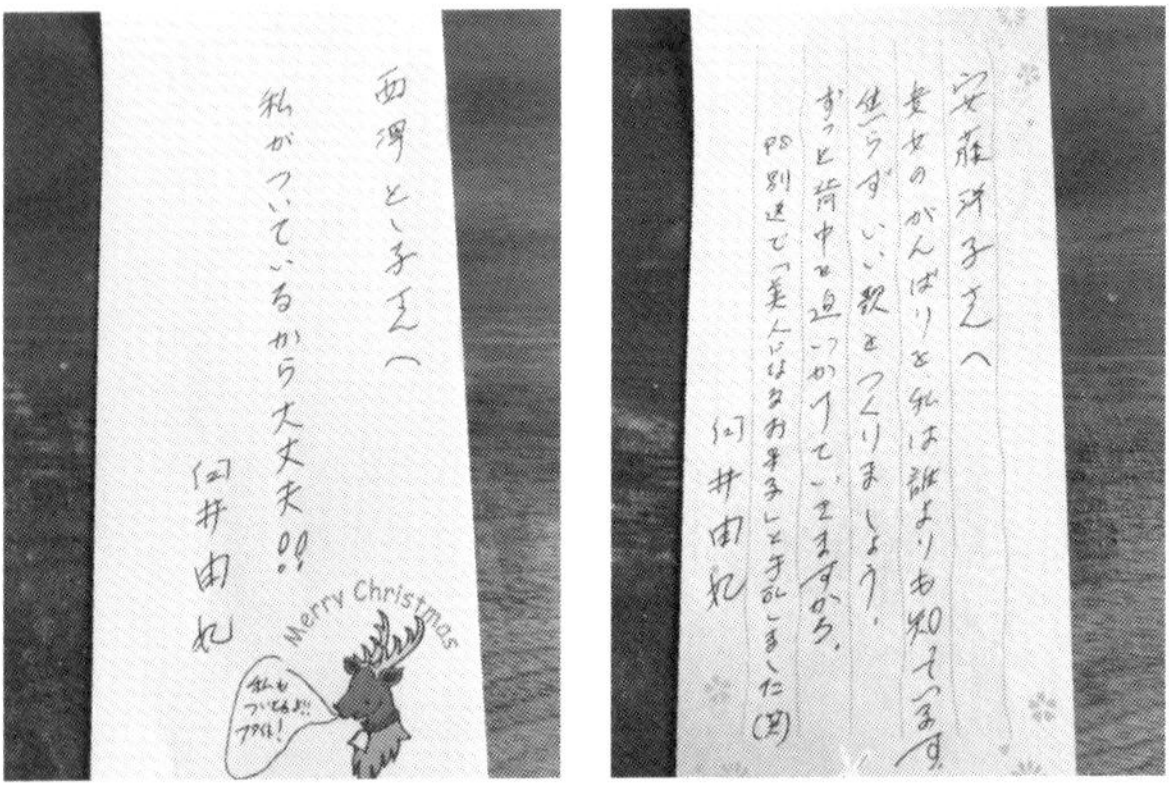

短い言葉でさり気なく気持ちを伝える一筆箋

おたんじょう日おめでとうございます!

ママがいつもおせわになってま〜す。

これからもママをよろしくおねがいします!」

これは6歳の女の子から。

知人からいただいた誕生日プレゼントに、娘さんのメッセージが添えられていました。

おそらく、知人がいつも一筆箋を使っているのをまねて、書いてくれたのでしょう。

素晴らしい子育てぶりと、娘さんが一生懸命に文字を綴る姿が目に浮かび、温かな気持ちになりました。
良好なつき合いに求められる文章のポイントは次の3点です。

①正しくわかりやすく伝える
②相手にも自分にもストレスを感じさせない
③時間や手間をかけない

おしゃれな言葉や言い回し、名文なんていりません。余計な言葉がないからこそ、一つひとつの言葉がしっかり心に響くのです。**短い文章だからこそ伝えたいことが際立つ。**一筆箋の最大の魅力は、ここにあります。

数行にさり気なく感情を込める。

14 あえてのアナログ「連絡メモ」

オフィスの空気も一変

取引先から電話が入ったけれど担当者が不在。そんなとき、以前は手書きの「連絡メモ」を相手のデスクに置いておいたものです。

しかし、オフィスワークの場合、今ならメールで「○○さん宛てに電話を受けました」と担当者に連絡を入れることがほとんどでしょう。いや、そもそも担当者のスマホに連絡が入る、メールばかりで社内の電話は鳴らないというオフィスだって多いかもしれません。一方、職種によっては今でも固定電話がデフォルト、連絡メモも手書きでデスクに置いておく、という場合も多いようです。

いずれの場合でも共通するのは、伝言をコミュニケーション・ツールとして意識的に使用しているケースがほとんどないということ。

ここで、**連絡メモを戦略的に社内コミュニケーションのツール**に使った企業を紹介しましょう。

アパレル会社を経営する知人の話です。

彼の会社はオープンオフィスで、ワンフロアに社長も新入社員も一同に会して、仕事をしています。ポストや所属を超えて、自由な発言ができる。社員の働きぶりを「見える化」することで、彼らが抱えている問題や会社の課題にも、素早く対応できるのではないかという思いから始まったことです。しかし、そうはうまく事は運びません。

知人が特に気になったのは、不在時に電話があったことを伝える「連絡メモ」の在り方でした。

> 山下部長へ
> 橋本商事から、新商品について問い合わせあり。
> 連絡をくださいとのこと。

これでは、まず電話を受けたのが誰で、かけてきたのは橋本商事の誰か、何時に連絡が入ったのか、急ぎなのかどうか、まったく理解ができません。

遅い時間に帰社したら、それを確認する相手もなく、困ってしまいます。

「メモは正確に簡潔にと、社員には教えてきたのだけれど、これじゃあ走り書き。連絡メモの体をなしていない。同時に、社内のコミュニケーションが無味乾燥なのも気になる……」

そこで、笑顔がチャームポイントで素直、入社2年目の林さんに、私の著書『心が通じる　ひと言添える作法』（あさ出版）と『心を添える一筆せん。』（現代書林）を渡して、こういったそうです。

「連絡メモが社内でうまく機能していないと思わないか？　ついては、連絡ミスがなくなるように、そして、みんなが働きやすくなるように、この本で勉強して実践してくれないか」

読書好きな彼女はあっという間に読破し、**①必要不可欠な内容を押さえつつ、②相手の心がぽっとあたたかくなる連絡メモ**を書き始めました。

大雨の中、帰社した営業メンバーには、「まずは温まってくださいね」とひと言添えた連絡メモを渡し、相手がコーヒーを飲んでちょっとひと息つく時間をつくる。

竹中部長へ
　田中商事の佐々木部長から16時30分に電話あり。
新商品の納入価格について、打ち合わせたいとのこと。
19時まで会社におられるので、帰社しだいお電話くださいとの連絡です。
林真紀子

読みやすいメモを心掛け、ジェルインクの0・5ミリ黒ボールペンで右肩上がりに書く工夫もしています（こうすると、文字がキレイに見えます）。

多忙を極める上司には、

「お手伝いしてもよろしいですか？」

とひと言添え、先輩には、

「いつもお疲れさまです。先輩の背中から学んでいます」

と気づかいを示したり。

こんな連絡メモを渡されたら、誰だってイヤな気持ちはしません。連絡もれがなくなるだけでなく、相手への尊敬や思いやりが生まれ、コミュニケーションの楽しさも感じることができます。林さんに影響され、同僚、先輩、男女の別なくひと言添えた連絡メモが、広がっていきました。

最近は、伝達事項をメールで送るようになりましたが、そこにひと言添えるあたたかな交流は持続中とのことです。

そんな活発なコミュニケーションが行われている職場は、風通しがよく働き心地もいいもの。報告・連絡・相談も密にもれなく行われ、ミスが減り、成果が生まれる。知人曰く「林さんには特別賞与を出さないといけないな」。著者として一助になれたのはうれしい限りです。**連絡メモひとつで、こんなに変わるのかと正直驚いている**。

思いやりのひと言は職場で増幅・拡大していく。

15 あえてのアナログ「手帳」

「必ず○○する！」

ここまではメールでも、あえてのアナログでも、相手を自分の思い通りに動かす言葉術を伝えてきました。本章の最後に、**自分の情熱を駆り立てる、とっておきの言葉術**をお教えしましょう。それは手帳に書き込む目標です。

最近は、スマホで予定を管理する人も多いと思いますが、あえて手書きのスケジュール帳を使うのがおすすめ。デジタルで管理すると前の文章は上書きされるのできれいに整った目標しか文字に残りません。一方、悪筆でも乱文でも手書きしたフレーズだと、思考プロセスがそのまま残り、なぜその目標設定に至ったのか、リアルな感情と共に自分にずっと意識づけできるからです。

私は見開きの月別スケジュールに仕事とプライベートの予定を記入、管理していますが、余白に目立つように**仕事とプライベートの目標をひとつずつ**書き入れています。

仕事ならば「○○社と必ず契約する」。

プライベートならば「毎月ビジネス書を18冊読み、レビューも書く」。

こんなふうに、**「必ず○○する」と、1カ月後の自分と約束するような目標を記入するのです。**

スケジュールは毎日目を通すものですから、自然と目標が目に飛び込んできます。意識が高まり、行動を促し目標が叶いやすくなります。


また本や雑誌、テレビやラジオ、友人や知人の情報などで得た、「心に響いた言葉」や「元気が出るフレーズ」、湧き上がる自分の思いをその都度デスクに置いたカレンダーに書き留め、やる気が失せたり、落ち込んだときに見返すこともしています。たとえば、
1月1日には「新しい自分に挑戦する年」。

3月21日には「金がないから何も出来ないという人間は、金があっても何も出来ない人間である」（阪急電鉄創始者・小林一三の言葉）。

4月29日には「もうダメだと思ってからが本当の勝負」。

5月18日には「大変は大きく変わるチャンス！」。

図 2-4

カレンダーに書き留めた「元気が出るフレーズ」を見て気分上昇

6月3日には「愛と勇気とサムマネー」（チャールズ・チャップリンの言葉のもじり）。

毎日ではありませんが、こうして書き留めるのは何らかの意味がある。感情が動いたということ。振り返って見返すと**これらの言葉が心の栄養**になって、くじけない、ぶれない、負けない自分に導いてくれると思えるのです。

ここからは「あえてのデジタル」の話になりますが、グーグルカレンダーなどでスケジュール管理をしている人なら手帳と同様の方法で打ち込んでもいいですし、その目標設定機能「ゴール」を活用するのもいいでしょう。

お使いの方も多いでしょうが、これは、目標をあらかじめ設定すると、カレンダーが算出したベストな時間に自動で予定を入れる機能。

たとえば読書を目標に設定すると、カレンダーで自動的に読書のスケジュールを設定する。その日に読書しなかった場合は、予定のリマインダーにある「延期」ボタンを押せば、予定を実行できそうな時間帯を探し出し、自動的にリスケジューリングするもの。

カレンダーの製品担当ディレクター曰く「**目標達成が苦手でも、目標にコミットするようアシストすると人は達成できる**」ということです。

断然、手書きの手帳派の私ですが、この機能は人間心理をついていてスゴいとしかいいようがありません。現在、その効果をジョギング、読書等で検証中です。

ひと言がくじけない、ぶれない、負けない自分へあなたを導く。

第3章

自然に味方が増える鉄板のひと言

01

交渉を優位に進める質問
「仮に」

「仮に」で相手の本音を探り「一気にエンジンがかかりました」でたたみかける。

これは交渉の場で膠着《こうちゃく》状態に陥ったとき、空気を変え一気に決める、有効な策です。

かつてクライアントと商品の納入価格を巡り、こちらは1万円、相手は7000円と主張し合う局面になりました。この場合、どちらかが折れるか、お互いに歩み寄り8000円程度で決着するかといった策が考えられますが、納入価格の値下げは、価格破壊にもつながります。

そのため、私はすべてのクライアントと、納入価格の統一をはかっていました。この相手にだけ値下げすることはできません。

相手も私も押し黙り、どんよりとした空気が漂っています。

このままの状態が続けば、交渉は決裂してしまう。それは何としても避けたい。

そこで、いったん納入価格の話は横に置き、期間限定サービスや保証期間、オリジナル仕様の提案など、相手が値下げしか求めていないのかを、「仮に」を使って探ることにしたのです。

「仮に、3カ月間は12個購入で1個現品見本をおつけするというのはどうでしょう」
「仮に、保証期間を3年にするのはいかがでしょうか」
「仮にですが、御社オリジナルのパッケージも考えられますが」

こんなふうに**「仮に」を使い、話題を振りました。**

すると相手はこう答えてきたのです。
「現品見本がつくのは、(実質値下げだから) いいんじゃないかな」
「長期保証は売りになるが、ユーザーはそこまで求めていないと思う」
「ヒット商品のパッケージ変更は、類似品と誤解を生むから好ましくない」

相手のニーズがわかれば、こちらも動けます。

ここで、人は前に述べたことと矛盾する行動をとりにくいという心理を利用。「現品見本がつくのは、いいんじゃないかな」といった事実は、相手自身を拘束していますから、すかさず、

「では、初回納品から3カ月間は12個購入で1個現品見本をおつけするということで、納入価格は1万円。よろしいですね」

と、たたみかけました。

……結果、無事に交渉はまとまったのです。

経験則ですが「仮に提案」で、相手が興味を示してくれたことをこちらがのみ、間髪入れずに攻めれば、**交渉事の決定率は8割を超えます**。そして、

「ありがとうございます！　一気にエンジンがかかりました」

と、熱心に仕事を進めていく姿勢を言葉に込めれば、決定が覆ることはありません。最初は渋い顔をしていた相手も、「自分優位で交渉できた」という満足感を抱き、

「いいおつき合いができますね」

「次の提案も待っています」

という声もいただけます。


交渉に挑む際には膠着状態になることも想定し、「仮に提案」を準備しておく。

押し切ろうとするのではなく、相手に直接的な問題点以外のことで**本音を語ってもらう工夫をする**ことが大切です。


「仮に提案」は相手優位に見えて、自分優位の交渉術。

02

デキる人はお茶にも敬意を表する「おいしいお茶ですね」

商談や打ち合わせで相手先を訪問すると、お茶を出していただきますよね。観察していると、「頂戴いたします」とすぐに口にする人もいれば、しばらくそのままの人、まったく口にせず帰る人などさまざまです。

皆さんは、どう振る舞われていますか？

私はお茶を出していただいたら、すぐに「頂戴します」とひと口。そして、こう尋ねます。

「おいしいお茶ですね。どなたが淹《い》れてくださったのですか？」

これは、「おもてなし」に対する感謝の言葉です。

たいていの場合、相手の方は「特別なお茶ではないよ」とおっしゃいますが、笑顔がこぼれます。そこで、「そうですか、でもおいしいですよ」と続けると、

「秘書の松島さんが淹れたんだ。彼女が淹れるお茶は評判がいいから」

「実は、先代の頃から静岡・掛川の製茶工場から直に取り寄せているんだ」

などと、会話が広がり、難しい商談や打ち合わせにもすんなり入れるのです。


きっかけは、ある経営者との出会いです。

彼は一代で、通販業界でその名を知らない人はいない会社をつくり上げた方。気難しいとも耳にしていたので、お会いする前の緊張感は、言い表せないほど大きかったことを今でも覚えています。


商談でお会いできることになり、社長室に案内され名刺交換、着席。何かいわないといけない……沈黙が怖くて、私は出されたお茶に手をつけずいきなり商談に入ろうとしたのですが、その瞬間、

「余裕がないね、そういう人はミスを連発する」

と断言されてしまいました。挨拶もそこそこに商談を持ち出したことが怒りを買ったと考えたのですが、その方はこうおっしゃいました。

「売り込みとはいえ、お客さまだからお茶を出してもてなしているんだ。『ありがと

うございます』もなければ、口にもしないのも失礼だ」

相手の立場になれば、当然のこと。平謝りする私に、その方はこうアドバイスしてくれました。

「臼井さんが緊張しているのはわかる。だったらなおさら、**呼吸を整えるようにひと口、お茶を飲んでから話をしたほうがいい**」


それから教えを守り実践してきました。

「おいしいお茶ですね。どなたが淹れてくださったのですか?」

すると、お茶を淹れた方をわざわざ呼んで、

「私の仕事をすべて把握しているから、不在のときは彼女に尋ねるといい」

といってくださる方や、

「また、お茶を飲みに遊びに来なさい(気軽に商談にいらっしゃい)」

という方、

「自慢のお茶だから、お土産に持っていきなさい」

という方も出てきました。

まずはひと口、お茶を味わい、感謝を述べることで商談や打ち合わせがうまく進むようになったのです。

今は、ペットボトルになったり、社内の給茶機から選んでくださったり、お茶事情も様変わりしています。それでも、

「おいしい。このお茶、新作ですよね。CMで見ました」

「おいしい。佐々木課長のセレクトは違いますね」

そんなひと言ならば、いえるのではありませんか。

デキる人は一杯のお茶にも敬意を払い感謝する。

おもてなしには、おもてなしの言葉で応えるのです。

お茶は話のきっかけにも、緊張の緩和剤にもなる。

03

知り合いから雲の上の人につながる秘策「○○さんがスゴいと思われる方はどなたですか？」

飛び込み営業やルートセールス、接客やサービス業などに従事している方は、出会いを苦にしていたら仕事にはなりませんよね。

そうはいっても、面識のない人に会いに行くのは、ハードルが高い。

知らない人がいきなり訪れても、なかなか会ってもらえるものではありません。

「○○さんの紹介」といえば、ハードルはかなり下がりますが、紹介をお願いするのもまた大変。

そこで活きるのが「○○さんがスゴいと思われる方はどなたですか？」を使うテクニックです。たとえば取引先の経営者と雑談中に、

「ところで、社長がスゴいと思われる方はどなたですか？」

「○○会社の△△会長を知っているかい？　私に商売のイロハを教えてくれた人だよ」

「○○社には、何回かお電話しているのですが、まだコンタクトがとれていないんです」

というように、その相手に会いたい旨をさり気なく伝えます。

ガッツリお願いするのではなく、雑談をしながら、相手の情報を集めるのがいいでしょう。そして、「お会いできた折は、社長が尊敬しているとお伝えしてもよろしいですか？」と確認しておきます。

ダメだということはまずありません。うまくいけば、目の前でアポイントを取ってくれることもあります。

そうでなくても、連絡が取れた際には、紹介のような気分で会うことができますし、**少なくとも緊張しがちな初対面の場で共通の話題に**なります。

行った先で先方と親しくなることができれば、「○○さんがスゴいと思われる方はどなたですか？」で、次の紹介を受けることもできるでしょう。

そうやって知り合いからスゴい人、スゴい人からまたスゴい人……どんどんランクアップして雲の上の人につながる可能性もあります。

学生時代からの友人と食事をしながらの世間話でもこのテクニックは使えます。

「大井さんがスゴいと思っている人って誰？」

どんな人とつき合いがあるのか、知りたい。そんなニュアンスで気軽に質問するのです。

「スゴいと思ったのは、○○さん。今はすっかり有名人だけど、僕らが立ち上げた若手研究者の会のときから、光っていたよ」

「そうなんだ、興味あるなあ」

「じゃあ、会ってみる？」

「本当？　甘えてもいい？」

実に高い確率で、紹介が得られるのです。

質問は、

「スゴいと思った経営者はどなたですか？」

「○○がスゴい！　といえば、どなたですか？」

などもいいですよ。

「スゴい」は、交流がなければ簡単に決められない限定ワード。質問の要ですから、外さないようにしてくださいね。

アパレル会社に勤務するWさんは、この質問を活用。

デザイナー→服飾学校の経営者→人気女優→大物お笑い芸人→著名投資家……。

ひとりでは到達できない方と出会い、仕事でコラボをしたり、プライベートで交流を深めたり、雲の上の人とのおつき合いを満喫しています。

「わらしべ長者作戦」で知り合いがランクアップする。

04

「NO」といわせないズルいひと言「○○だけお願いできませんか?」

頼み事が上手な人は、もっとも重要なことをひとつだけ伝えます。

「申し上げにくいのですが、締め切りを1日だけ延ばしていただけませんか?」

前置きでへりくだりつつ、ひとつだけ頼み事をするのです。

相手は、「申し上げにくいのですが」の時点で瞬時に、なんらかの頼み事だろうと予測しています。たいていかなり悪い状況を想像するものですから、たったひとつの、それもそれほど面倒ではない頼み事とわかると無意識に気持ちが緩みます。そこで、

「それだけでいいのですか?」とばかりに、

「わかりました。1日ではなく3日延ばしても大丈夫です」

「締め切りだけでなく、納品場所も調整できますよ」

と予想以上の言葉や、別の用件まで進んで申し出てくれることすらあります。

本当は、締め切りだけでなく、追加の資料、速やかなレスポンスなど、あれもこれもお願いしたくなるのをぐっとこらえて、優先順位の高いひとつだけを依頼するのが、相手に「NO」をいわせないコツです。

そして**「YES」を引き出せたら、すかさずポジティブな言葉で締めましょう。**

面倒な仕事や厄介な案件、厳しいスケジュールを受け入れてくれたことに安心しないで、相手のモチベーションを高める工夫をします。そうでないと、相手がひとりになったとき気が変わる可能性だってあります。なので、私の場合は、

「成功させて世の中をビックリさせたいですね」

とポジティブな言葉で相手の背中を押し、自分の覚悟を決めています。

「YES」を引き出したあとの締めのひと言で、気持ちよく人は動いてくれるものです。

「YES」を引き出したら、ポジティブワードですぐにダメ押し。

05

感謝の出し惜しみはしない「○○さんのおかげで」

気をつけたいのは、頼み事を相手が受け入れた途端に、態度が豹変すること。

人間性が疑われますし、「頼まれたこと」を、意気に感じている相手のやる気をそぐことになり、望む結果は得られません。

私は少なくとも3回――**「頼み事を受け入れてくれたとき」「その最中」「終わったとき」**に、

「ありがとう」

「ありがとうございます」

「何度ありがとうといっても言い尽くせない」

などと、感謝の言葉を口にしています。

相手が恐縮して「そんなに感謝してもらわなくてもいいよ」「大したことじゃない

から」といっても、

「佐田さんのお力添えのおかげで、うまくいきました」

「助かりました」

と、最後まで気を抜かず感謝を伝えます。

また大きな商談が決まった日の1年後には「今が迎えられるのも山田さんのおかげです」、仕事でお世話になった方の誕生日には「木村さんと出会えた幸運に感謝をしています」など、節目を迎えるたびにメールや一筆箋で感謝を伝えています。

頼み事をする際には「あなただから」「あなたにしか」で人間性や能力を信頼していることを示し、受け入れてくれたならば「ありがとう」を出し惜しみしない。人間関係を深め、仕事がうまくいくコツです。

最後まで気を抜かず感謝を伝える。

06

クレーム対応はつかみが決め手「ありがとうございます！　教えてくださって」

どんなに気をつけていてもミスは起こってしまうものです。謝罪は人間性が現れる場面。**「こんなヤツだったのか」と思われるのはミスよりも痛手**です。

弁解したくなる気持ちを抑え、誠実な態度を見せることがピンチをチャンスに変える第一歩。責任を認めるというのは、関係回復の重要な要素です。

しかしビジネスの場でも最近は**根拠がない言いがかりや、ミスとはいえないクレーム**を大げさにいってくる人がいます。

そんな人たちに全面的に謝罪をすると、相手を増長させとんでもない条件を突き付けてくる。「クレーマー」との長い戦いになる可能性も考えられます。

実際、私にも経験があります。

それは、シュリンクした商品の中身が入っていないという取引先からの電話。

製造現場では、商品完成、箱入れ、シュリンク、梱包、配送前の5ポイントで異なる社員が確認していますから、現実にありえないことです。

ここで簡単に謝ってしまったら、また同じようなクレームが来るのではないか？

一方で、万に一つのミスが起きたかもしれない、という思いもよぎりました。

そこで、謝罪の姿勢を示しつつ相手の本音はどこにあるのか探ろうと考え、

「ありがとうございます！　教えてくださって」

と、丁寧にしっかり伝えたのです。すると電話の向こうで相手は息をのみ、無言。すかさず「他でもない◯◯社さまにご心配をおかけするなんて申し訳ありません。本当に教えてくださってありがとうございます。御社とお取引できるなんて、光栄です」と続けました。

それでも相手が謝罪を求めてきたならば、責任を受容し、それなりの対応をしようという覚悟でした。しかし、相手は「あっ、それ……あの、勘違いかもしれない」。

「ああ、やっぱり」という思いを押し殺し、あくまで穏やかな声で「勘違いさせてしまい申し訳ありません」と通話を終えました。

これは根拠のないクレームでしたが、謝罪の対応について改めて考える機会をも

らったと感謝しています。

ミスか言いがかりか、その時点で判断するのは難しいものです。本当にミスの場合もあれば、巧妙な言いがかりもあるのが現実。なので、**認めるのではなく受け止める姿勢**を「ありがとうございます！　教えてくださって」で示すといいでしょう。

その後、じっくりと相手の話を聞いて、本当にミスをしていたことがわかれば心から謝罪し、対応策を伝えます。

でも、現実にミスをしてしまった場合でも、「ありがとうなんていわれると、拍子抜けする」「強く追及できない」などと、相手の怒りがおさまり、謝罪を受け入れてくれる気持ちになることもあります。

そこで誠心誠意、謝罪すれば、関係が悪くなるどころかピンチをチャンスに変えることだってできます。

謝罪はチャンスをつかむ絶好機。

07

ネガティブ状況にも！　万能の神フレーズ「さすが・スゴい・素晴らしい」

これは実話です。

自分が担当する会社から、注文メールを受け取った若手社員が、

「やった！　10000個」

飛び上がってガッツポーズしながら声をあげ、意気揚々と上司に報告しようともう一度メールを確認したら「1000個」だった。

部署内には、冷ややかな空気が流れかけたといいます。

そこで、その若手社員に上司がかけた言葉がステキなものでした。

「さすが三田君、数字に一喜一憂するのは営業担当の素質が十分だ」

そうさらっといわれたそうなのです。

ここで「バカだなあ」とか「数字を見間違えるなんて、ビジネスパーソンとしての

基本ができていない」と指摘しても生産的ではありません。

それで数字が上がるわけではありませんし、気まずい空気が残るだけ。

このシチュエーションで、ほめ言葉である「さすが」を使ったところにこの上司のすごさがあります。

ほめ言葉の「さすが・スゴい・素晴らしい」は、実は万能の神フレーズ。ミスをして落ち込んでいる人を励まし、行動を促す言葉にもなります。

「さすが」といったあとに、前向きに納得できる理由があれば、常識では喜べないような場面でも「さすが」は使えるのです。たとえば、先ほどの場面なら次のような言い方です。

「スゴい、三田君は素直に喜びを表現するね。私は忘れていた」

「素晴らしい、未来が読めるなんて。次こそ10000個だね」

相手との距離感もありますが、ミスをした部下や同僚、落ち込んでいる仕事仲間には「だんまり」を決め込むよりもとりあえず「さすが・スゴい・素晴らしい」を使ってみると、すべてがいい循環になります。

ただしそれだけでは、お世辞になりかねませんから、**理由づけが必要。**

先の話を聞き、私も手始めに親しい人に使ってみました。

「降格された」と友人から告げられたときに、

「渡辺さん、さすがだよ。私にいうのは勇気がいったでしょう」

そして、こう続けたのです。

「素晴らしいといったら怒る？　でも自分を見つめる時間をもらったと思うよ」

仕事仲間が「何度トライしても企画が採用されない」と嘆いたら、

「スゴい、それは木下さんのガッツを試されているんだ」

「さすが木下さん、アイデアの宝庫ということだね」

「素晴らしい、その挑戦心を見習いたい」

そんなあなたの声に、相手は元気になり次の行動力も生まれます。


常識では喜べないときでも「さすが・スゴい・素晴らしい」は効く。

08

相手の名前にまつわるとっておきのひと言
「バランス感覚に優れていますね」

初対面の方との会話で使えるひと言をお教えしましょう。

通常、初対面の方とのビジネスは名刺交換から始まりますが、最近は打ち合わせはすべてオンライン。一度も名刺交換をしないままに、仕事が終わるということもあるでしょう。もちろん、このひと言は、相手の名前さえわかればいいのですから、**オンライン打ち合わせの場面でも有効**です。

「はじめまして、臼井由妃と申します。ビジネス書や実用書を執筆しています。熱海市の観光宣伝大使もさせていただいています……」

名刺交換の場では、フルネームを名乗り簡単にどんな仕事をしているのかを話したら、相手の番です。

名刺には、勤め人なら社名や役職、自営業やフリーランスなら仕事内容やSNSのアカウント、キャッチフレーズなどが記されています。でも、そこに書いてあることに関する質問はあまり印象に残りません。相手は何度も聞かれているだろうからです。

そこで使いたいのがとっておきのひと言です。

「田中一郎さん」から名刺を受け取ったならば、

「バランス感覚に優れていますね」

「（会社で）人気者ですよね」

などと伝えます。

初対面で名刺交換をしたばかり、ロクに口もきいていない相手からそんなことをいわれると、皆さん、「えっ？」「なぜ？」とキツネにつままれたような表情をされます。

「田中一郎というお名前は、『田』『中』『一』が左右対称ですよね。こういう方は文字通りバランスがよく、芸能界や政財界でも人気が高まる運命の持ち主。芸能界ならば水谷豊さんや吉高由里子さん、経営者なら本田宗一郎さんがいますね」

こう伝え終わる頃には、緊張していた相手の表情が笑顔になっています。

「へえ、いい名前だったんだな。両親に感謝だ」

「人気者になるってことか、うれしいな」

と暗示にかかったようになるのです。

そううまくいくわけはない、と思いますよね。

種明かしをすると、氏と名のどこにも左右対称の漢字が含まれていない人は、少ないのです。試しに、ご自分、そして同僚でも知人でも何人かの名前を思い浮かべてみてください。いかがですか？　**左右対称の漢字が含まれている人が多い**のではありませんか？

ですから、会話を弾ませるきっかけづくりに自信を持ってこう切り出しましょう。

「バランス感覚に優れていらっしゃいますね」

「人気者ですね」

もちろん理由も忘れずに。

ただし種明かしはしないでくださいね、夢を壊しますから。

このテクニックは、経営者になりたての頃、ある政治家から教わりました。

選挙の際、支持者や支援者の名前を記憶するために、生まれたものだそうです。

こうすると、**一度会った人の名前を覚える上に、相手も自分に関心を持ってくれる**とおっしゃっていました。

「人気者ですね」

あれから30年、少しずつアレンジしながら使い続けている「仕事に活きるひと言」です。

名刺交換で忘れられないドラマを演出する。

09

ご縁を深めるテクニック「最後にひとつお願いがあります」

これは、交渉や営業、プレゼン、面談などビジネスの場で、別れ際に実際、私が使っているひと言です。

「最後にひとつお願いがあります」

「お願いって？」

相手はきょとんとした表情を浮かべます。そこでひと呼吸置いてから、

「ガッツポーズしてもいいですか？」

「ジャンプしてもいいですか？」

あるいは、

「今後もご提案してよろしいでしょうか？」

「今後もお声掛けしてよろしいでしょうか？」

と伝えます。
前者の言葉は、好ましい成果を得たとき、絆を深めチームワークでいい仕事をしましょうという意味で。後者の言葉は、芳しくない結果に終わったとき、これで終わりにはしないぞという意味で、です。

好ましい成果を得てもそこで安心しないで、相手に強い印象を残す。芳しくない結果ならば、さり気なくひと押し。「今後もご提案してよろしいでしょうか？」で「いいよ」という言葉を引き出すのです。これはまたいつでも訪問していいというぼんやりとした合意。社交辞令だとしても、暗黙の了解として受け取ればいいのです。

好ましい成果を得ると「ありがとうございます。今後ともよろしくお願いいたします」「頑張ります」というあたりさわりのない感謝の言葉で終えがち。これではもったいない。
また芳しくない結果に終わると「ダメだ、この人は落とせない」「無理だ、このお客さまは」と見切りがち。これももったいない。せっかくできたご縁を有効活用しましょう。

でも、相手に拒否されたらどうしよう？　という方、安心してください。

ガッツポーズやジャンプは自分がするのですから相手を巻き込みません。

「今後もご提案してよろしいでしょうか？」に「ダメ」という人はまずいませんが、渋い顔を相手がしたら、「もっと御社のお役に立つご提案を持ってまいります」などといって笑顔で締めます。

好ましい成果に安心せず、残念な結果に落ち込まない。

営業や商談、プレゼンは、次へのつながりがすべてです。

別れ際のひと言でご縁を深める。

10 去り際の刷り込み効果
「面白い展開になってきましたね」

「よろしくお願いいたします」

「引き続きよろしくお願いいたします」

日々、ビジネスの場で交わす言葉です。私も無意識に使ってきました。

でも、あるとき疑問が生じました。

「〝よろしく〟って何に対していっているのだろう?」

「〝引き続き〟とは、何を引き続きなのだろう?」


もちろんこのひと言で終えてもいいと思いますが、疑問が生じるととことん追求しないとおさまらないタチです。「よろしくお願いいたします」にひと工夫したほうが、インパクトがある。次の出会いにつながると思い、次の4つを使うようにしました。

①名前をプラスする

目の前にいる相手がひとりであっても「小野さん、よろしくお願いいたします」と伝えます。人は名前を呼ばれるほどに親近感が増しますから、簡単で有効な策です。

②名前と具体的な事柄をプラスする

伝える相手が複数の場合、役割分担と仕事の内容を明確にする意味で、「小野さん、納期のご検討、よろしくお願いいたします」と具体的に伝えます。

③「成功します」「うまくいきます」を前にプラスする

一応合意したというレベルの商談や面談は、実際のところはおぼつかないもの。何かあれば「NO」に変わりかねません。希望に満ちた明るい未来が約束されているという意識を相手に刷り込ませる意味で、「成功します！（うまくいきます）よろしくお願いいたします」と伝えます。

④「面白い展開になってきましたね」「いい波に乗りましょう」をプラスする

私の体験でいえば、相手にもっとインパクトを与える「よろしくお願いします」プラスアルファは今のところこれです。

「面白い展開になってきましたね。よろしくお願いします」

「いい波に乗りましょう。よろしくお願いします」

と伝えると、

「イイね、そのひと言」

「やる気が湧いてきた。こちらこそよろしくお願いします」

と返ってきます。時に握手を求められることもあるほどです。

私自身、こういわれたら、催眠術にかかったように「面白い展開になる」と信じてしまいます。それはいい意味の〝刷り込み〟。

互いに、目標や課題をクリアする意欲が生まれ、楽しく効率よく仕事ができます。

「よろしくお願いします」プラスアルファで仕事の効率が上がる。

出会う人を味方にする

「どうしたら○○さんのように仕事ができる人になれますか？」

どんなにあなたが優秀でも、ひとりで仕事はできません。

上司や同僚、部下、取引先、キーマン、これから出会う人、目には見えないけれどサポートしてくれる人々がいるから、価値ある仕事になるのです。

けれど「部下との会話がうまくいかない」「上司にどう話しかけたらいいのかわからない」「取引先の偉い人と話がかみ合わない」と周囲との関係性に悩むビジネスパーソンがいかに多いことか……かつての私もこの仲間にいました。

世代や立場を超えたコミュニケーションを円滑に行うには、まずカルチャー・ギャップを理解すること。極端な話、「相手は共通言語を持たない異国の人」と考え、伝わりやすい言葉を選び、やさしく話す努力も必要でしょう。

食品会社を経営する友人は、**「新卒の社員は期待の宇宙人だと思って接している」**といいます。

「期待の宇宙人?」。私が首をかしげると、友人はこう答えました。

「そう期待の宇宙人だよ。正直、わかり合えないところも多いけれど、僕の若いときに比べたら皆、勉強熱心でやる気がある、期待できる。でも未知の（ビジネスの）世界に飛び込んできたのだから、僕らがすぐに成果を期待してプレッシャーをかけるのはNG。できなくて当たり前。少しでもできたらその場でほめる」

「なるほど!」ですが、そんなふうに動く上司ばかりではありませんよね。あなたの上司が「ほめて育てる」タイプでなければ、下からアプローチするのも策です。

実は多くの上司は待っているのです、自分に積極的に話しかけてくる部下を。

そこで、**下からのアプローチで使える「とっておきのひと言」**をお教えしましょう。次のフレーズです。

「どうしたら○○さんのように仕事ができる人になれますか?」

このひと言は、相手が「仕事ができる人」という前提で質問をしているほめ言葉。

こういわれたら、自尊心がくすぐられ、出し惜しみなく自分が持つスキルを教えたくなってしまう。

また「どうやっても○○さんには敵《かな》わない」というひと言もいいでしょう。えてして人は、自分を脅かす存在は苦手なもの。「敵わない」というほめ言葉によって、一緒にいて安心できる部下という立ち位置を獲得でき、いろいろと教えてもらうことができます。

こうした働きかけは、**自分の能力を高めたい**と思うからこそいえるもの。**素直でないと出ない言葉で、おべっかではありません。**

「どうしたら○○さんのように仕事ができる人になれますか?」

「どうやっても○○さんには敵わない」

業界のキーマンや大物にも通用する、世話を焼きたくなる言葉で、出会う人を味方にしましょう。

可愛げの演出はビジネスシーンでも欠かせない。

12 人は「べき」では動かない「〇〇するだけでいい」

「～しなければならない」「～しないとだめだ」という口調でアドバイスをされても人は動きません。

人に気持ちよく動いてもらうには、ちょっとしたコツがあります。次の3つです。

①語尾は「〇〇するだけでいい」

「この部分を丁寧に説明しないとだめだ」といわれたらどうでしょうか。正論であっても、やる気は出ませんよね。

そうではなく、「増田さんは、この部分を丁寧に説明してくれるだけでいい」というように負担を感じさせない伝え方をします。

②アドバイスはひとつだけに絞る

これは、「相手に『NO』といわせないズルいひと言」で紹介したテクニックです。一度にあれこれアドバイスするのではなくひとつに絞って伝えます。たとえば、「説明のときは、参加者の理解が深まるように専門用語や業界用語は、できる限り簡単な言葉に置き換えるといいよ」という言い方です。

③進捗状況を見ながら1点ずつ

その後、相手の進捗状況に合わせて、②のように、その時点でもっとも重要なことを1点ずつ伝えていきます。

この策は、社内に限らず交渉、営業、プレゼン、ビジネスのあらゆる場面で通用します。

「だけ」で伝えるアドバイスや指示は、相手の負担をなくし行動しやすくするだけでなく、**「もっと頼んでほしい」「任せてほしい」「できる!」というように、やる気に火をつける効果**もあります。

「増田さんは、この部分を丁寧に説明してくれるだけでいい」と伝えた結果、「他にもお手伝いできますが」と前向きな返答があったり、「納品日だけは、守ってください」と伝えたら「もちろんです、最高品質に仕上げます」と、自ら決意を述べるなど、**アドバイスから「べき」をなくすと、いい流れが生まれます。**

一度にあれこれいっても人は動かない。

13

説得が納得に変わる「すべての責任は私が負います」

「前例のない事態で国も答えを見出すことができない。北海道の取り組みをつくらないといけない。やりすぎではないかというご批判もあるかもしれませんが、政治判断は結果がすべてだ。結果責任は知事が負う」

これは2020年2月26日、北海道の鈴木直道知事の言葉です。

2020年、世界を襲った新型コロナウイルス。教育現場への感染拡大を受け、鈴木知事は一斉休校の検討を教育長に要請。その後、臨時会見の席で一斉休校について道民に向けて冒頭の発言をしたのです。

私は、正直、驚きを持って受け止めました。

「結果責任は知事（自分）が負う」という言葉はビジネスの場でも、最近耳にしない。ましてや国会中継や政治家の囲み取材などで、「善処します」「お答えしかねます」など曖昧な言葉に慣らされてきたので、新鮮かつ衝撃的に響きました。

「責任は私が負います」は実力のあるリーダーにこそ相応しい言葉。

経験が浅い部下が困難や壁にぶつかっている。失敗を恐れて身動きがとれない。士気が下がっている。そんなときに、

「思う存分やっていい。すべての責任は私が負います」

こんな力強い言葉が聞けたら、

「よし！　部長がそこまでいうのならばやろう。その思いに応えよう」

と、ネガティブに傾いていた思考と行動のスイッチが、ポジティブに転換されます。

逆をいえば部下は、上司の力強いひと言「責任は私が負います」を待っているといってもいい。


それは責任逃れではなく、**背中を押してもらいたい、説得されて行動するのではなく「納得」して行動したいという思いから生じるもの**です。

大きなお金が動くプロジェクトや、経験のない分野の仕事に挑むときには、誰しも

躊躇する。責任を問われることは、避けたいと思うでしょう。

でも、それを行うことで自分が受けるメリットを――場合によってはデメリットも――理解して「納得」したならば、全力でやろう！　という気持ちになります。

「責任は私が負います」は、部下の背中を押す、説得を納得に変えるキラーフレーズなのです。

ただし、**乱用は禁物**。真実味が薄れますからね。

今が決め時、この機を逃したくない。そんなときにだけ使ってください。

たったひと言がネガティブ思考を、ポジティブに変換する。

14 口下手でも大丈夫！　相手の真意を短い言葉で探る

5S表現

口下手を自認する方は、相槌のようなひと言を交渉、営業、プレゼンの際の武器にするといいでしょう。

心の動きをあらわす「5つのS」を押さえれば、会話が生き生きとしたものになり、相手との距離が縮まり物事が進む。数字を上げることもできます。

5つのSとは、司会者で話し方のセミナー講師も務める村松加王里さんがインタビューで紹介していたもので、

- 驚く（Surprise）
- 茶化す（Spoof）
- 残念がる（Sorry）
- 疑念を示す（Suspect）

・共感する（Sympathy）

それぞれの頭文字を取った「5S表現」のうち、いずれかをひと言に込めるテクニックです。

知り合いのベテラン営業パーソンも意識して使っているといいます。

相手の言葉に返答する際、驚いたり、茶化したり、残念がる。疑念を示したり、共感する。いずれかの感情を乗せることで、コミュニケーションが親密になります。

たとえば、取引先の担当者が、「納期を2週間早めてほしい」といってきた場面で考えてみましょう。この場合、

・驚く「えっ！　何かご事情がおありですか」

・茶化す「（笑顔で）そんな！　冗談ですよね。（さらりと）現状でも弊社は目いっぱいなんです」

・残念がる「納期に照準を定めて社員の士気を高めていたんです……困った」

・疑念を示す「注文が殺到しているのでしょうか？」

・共感を示す「よほどのことがおありなんですね。お教えいただけませんか？」

このように感情を言葉に乗せると、「あなたの気持ちを察しています」「私もあなたの悩みを共有しますよ」というメッセージを明確に伝えることができ、相手も本音のところを話しやすくなります。

一方、「納期を2週間早めてほしい」に「ダメ・できない・どうして？」（それぞれの頭文字をとって臼井流3D言葉）で応えるのは、いきなりの拒否と反論と受け取られます。

相手の態度は硬化し、「何がなんでも早めてほしい」「できませんよ」「だったらいい！」と、事情も知らないままに、取引が終わる可能性もあります。

厳しい条件を出されても、とりあえず聴く。注意深く聴きながら、**5S表現を操って相手の腹の内を探り、折り合いをつけること。**言葉数は少なくていいのです。相手の心情を察したメッセージを伝えられたら、難しい局面でもうまくいきます。

「5S表現」を味方にして、「3D言葉」は封印する。

15 共感を伝える「たった4文字」
「たしかに」

相手の話に共感するとき、あなたならばどういいますか？

「わかります」
「参考になります」
「勉強になります」

悪くはありませんが、初対面で「わかります」では「何がわかるの？」と突っ込みを入れたくもなります。

「参考になります」は、「(自分の考えはすでに決まっていますが) あなたの意見を足しにします」「参考程度に聞いておきます」といったニュアンスが感じられ、目上の人に使用するのは避けたほうがいいでしょう。

目上の人に対しては、「勉強になります」という表現が好ましいと思います。「勉強」

という言葉には「学ぶ」「経験を積む」といった意味があり、「あなたの意見を聞いて知識が増えます」と相手にいい印象を与えることができます。ただし、身近な上司や先輩に使うとやや堅苦しく感じる人がいるかもしれません。

かといって、万事「そうですね」「その通りです」「そう思います」では、少々軽い印象を与えます。

吃音で悩んでいた30歳頃まで、私は人前に出るのを避けていました。できる限り会話をしたくなかったのです。

目を伏せて挨拶や会釈はできましたが、感想を求められると固まってしまって、「そ……そうですね」「そう思います」と返すのがやっと。

「ちゃんと聞いているのか？」

そんなふうに疑われたことも度々で、怒りを買ったことさえありました。

そんなつもりはなくても、心の内を声にすることができず悔しい思いもしました。

そんなとき、ひらめいたのです。

「たしかに」だったら、相手はどう思うだろうか？

「たしかに・たしかに・たしかに……」

何度も声にしました。

相手の立場になって「たしかに」の聞こえ方を考えました。


「たしかに」には、共感だけでなく感動のニュアンスも含まれていて「たった4文字」だから、インパクトもある。

「なるほど、そういう考え方もあるのですね」

「いわれてみれば、理解できます」

「そういう視点があるとは、目からうろこです」

「スゴい！　気づきませんでした」

「たった4文字」から、こういった深い思いが汲み取れるのです。


吃音症克服の第一歩にもなると考え、「たしかに」を、共感を伝えるひと言に決めました。

相手の話を注意深く聴き共感を覚えたら、ゆっくりかみしめるように「たしかに」という。

「たしかに」は、今でも共感を示すひと言として大切に使っています。

短い言葉ほど心に刺さる。

16 冒頭の1秒で気持ちをキャッチ「○○に興味のある方は注目〜!」

ある企業のパーティに参加したときの話です。業種は、仮にアパレルとしましょう。

会場には、営業成績上位店の店長さんや売り上げアップに貢献した担当者、来店者数を倍増させた仕掛け人など表彰される方々を始め、本社のトップ、役員、全支店長はもとより、業界関係者やメディアの方まで200名ほどがずらり。

この日は、年に一度の全国大会、特別な日なのです。

遠距離で顔を合わせる機会が少ない人や、滅多に話をするチャンスがない人と出会えるのですから、皆さん心が躍っているのが見て取れます。

「乾杯!」の発声と共に、すぐにおしゃべりの輪ができていきました。

アルコールの力ですね、会話が熱を帯びていきます。当然声も大きくなります。

ステージでは、ゲストスピーチが始まりましたが、会場の声にかき消されて聞こえません。聴いている人はわずかだと、感じました。

「楽しいのはわかるけれど聴いてよ、お願い」

私もスピーチをすることになっていましたから、気が気じゃなかったのです。

「（こういうときは）あの手を使おう！」


私に順番が回ってきました。マイクを持つと弾んだ声で、

「ファッションに興味のある方は、こちらに注目～！」

その瞬間、場が静まり、皆が一斉にステージを見たのです。

注目していただけたら、こっちのもの。

「よかった！　皆さん、アパレルの方ですから、やっぱりファッションにご興味がありで。安心して、お話しさせていただきますね」

私はスピーチを始めました。その間、誰もおしゃべりを再開する人はいませんでした。

こういうとき、「静かに聞いてくださいー」とお願いしても、響きません。

「おしゃべりを控えてください」なんていったら、反感を買ってしまいます。

人は楽しい、うれしい、心躍る場面で「お願い口調」や「命令口調」で声掛けされても、そちらに気持ちが動かないのです。

こういうときは、**共通するワードや相手の興味のある言葉、相手のツボを押さえて声を発しないと、振り向いてもらえません。**

「ファッションに興味のある方は、こちらに注目〜！」は、とっさに出たその場に集う方に共通するワードですが、たとえば、

「芋焼酎好きな方は、こちらに注目！」（鹿児島の講演会で）
「餃子好きな方は、こちらに注目！」（宇都宮や浜松での集いで）
「万年筆好きな方は、こちらに注目！」（文具メーカーのパーティで）
「昭和生まれの方は、こちらに注目！」（中高年が多い会合で）

というように、スピーチや講演に挑む際、会場がざわついているときには、このテクニックを使っています。

冒頭の1秒で相手の気持ちをキャッチし、会話に惹きつける。

そんなことできないよと思う方、大丈夫です。**キモを据えて自信を持って声にすれば、相手に届きます。**

「度胸があるね」と感心されたり、「それ、私もやってみます」と共感していただいたり、1秒のおかげで心通わす友人や素晴らしい仕事仲間ができますよ。


盛り上がっている相手にはツボをついたひと言で。

第4章

オンラインもオフラインも。会議・打ち合わせがうまくいくひと言

01

会議をうまく回すスイッチ「はじめに発声練習しませんか？」

ある化粧品会社の企画会議に、オブザーバーとして参加したときのことです。

こうした場合、スタート時に、

「それでは来春発売の○○について、キャンペーンの詳細を詰めさせていただきたく、活発な意見交換をお願いします」

「それでは、お手元の資料に沿って始めてまいります」

などというのが普通だと思いますが、議長が発したのは意外なひと言。

「では、はじめに発声練習をしましょう」

「えっ、発声練習？　会議で……？」。呆気にとられる私を尻目に、出席者の皆さんが揃って発声。

「あいうえおで、きょうもきれい」

驚きが続く私に議長が柔らかな口調で教えてくれます。

「臼井さん、こうすると口の動きが滑らかになって、声も出やすい。自然と口角が上がるからアンチエイジングにもなる。うちは化粧品会社だから『きょうもきれい』というのですよ」

「ああ、なるほど、確かに」

実際、その後の会議では皆さんクリアな声ではきはきと、活発な意見が飛び交いました。

「いいな、これ、いただきました！」

それからはいろいろな場所で実践してみました。

会議や打ち合わせに臨む際に、「はじめに発声練習しませんか？」と提案するのです。

「どうして？」

100％不思議そうな答えが返ってきますが、

「発声練習をするといい声が出て、頭の回転も速くなる。アイデアも溢れて、実りある会議になる。その上、アンチエイジングにもいいからです！」

受け売りですが、そう伝えると、「面白い、やってみよう」と賛同してくれる人や、「バカバカしいけれど、やってみるか」という人。さまざまですが、絶対イヤという人はいません。

学生時代、合唱部だった人からは、「発声は丹田《たんでん》を意識してやるのがコツだよね」と経験者ならではの話が出たこともありました。

尻込みするメンバーが多い打ち合わせでは、「難しいこと抜きにやってみましょう。では、『あいうえおで、アイデアがあふれる』で」

とまず私が発声し、あとを追ってもらうようにしました。すると、

「なんだか、いい感じ」

「いつもと違う、頭が冴える」

とポジティブな空気が生まれ、会議がスムーズにスタートしたのです。

「はじめに発声練習しませんか」

このひと言は、会議をうまく回すためのスイッチ。

参加者を一気に会議モードへ誘い、フル稼働させる着火剤です。

最初は「バカバカしい」と否定的だった人からも、「臼井さん、うちの会議でも始めたよ」「わが社は『あいうえおで、もくひょうたっせい』」「うちは『あいうえおで、いいしごと』にした」とうれしい声もいただくようになりました。

そんな簡単なことでと思われるかもしれませんが、積極的に意見が出る、発言者の声が聞き取りやすい、スムーズかつスピーディに会議が進むなど、効果はさまざまあります。

私自身感じるのは、**緊張しがちな会議の場が柔軟になる**ということ。運動前のストレッチみたいなものですね。

物は試し。自分が仕切れるときがチャンスですから、ぜひやってみてください。

「発声練習」は、ビジネスにも効く。

02 「有言実行モード」を引き出す
「それもいい」

何気ないひと言ですが、会議が硬直し始めたときには効き目があります。

「それもいい」

いろいろな会議や打ち合わせに出て感じるのは、**多くの場合、「発言する人VS.斬り捨てる人」の構図ができあがっている**ということ。これが硬直化のひとつの要因でもあります。

誰かが発言したとたん、「難しいな」「それはないなあ」「無理だよ」と一瞬にして斬って捨てる。具体的な説明はこれからなのに、それ以上語るなという空気が座を支配し、たとえ自分が発言者でなくてももやもやした経験を持つ方も多いでしょう。

往々にして「斬る人」は立場が上の人や声の大きい人。大した根拠があるわけではないのに、まるで**役割のように否定から入ってしまう**のです。

「発言する人VS.斬る人」というお決まりの構図の中では、会議は活性化せず、多数決による安全策や最大公約数のような無難な結果になりがちです。これでは、せっかく時間をとって皆が集まった意味がありません。

一方、

「それもいい」

「それもアリですね」

このようにしっかり受け止められると、参加者は自由に発言し、脳が活性化し始めます。アイデアが広がって、斬新な企画や面白い提案が飛び出すのです。**議論は白熱するけれど場は柔軟。**いい会議になった、いい時間を共有できたと、満足度も高い。

当然ですよね。「それもいい」といわれたら、誰だって気分が上がります。

いい意味で調子に乗り、認められたことに喜びを覚え、言葉にした以上は責任を持ってやる**「有言実行モード」**になります。

この空気感をつくるのが、「それもいい」というひと言なのです。

あなたが会議で、無意識のうちに「斬る人」になりがちならば、思い切って、出席者がどんな発言をしても「それもいい」「それもアリですね」と受け止めてみましょう。

この言葉を使うコツは、話の腰を折らずに注意深く聴きながら、すべて終わった時点で発することです。「どうでもいい」と聞き流しているように受け取られたら、逆効果です。

「臼井さんは、なんでもウェルカムなんだ」といわれることもありますが、「もちろん！ **まずは受け入れる姿勢が会議を活性化させますから**」と応じています。

「本当のところ、どれがいいんですか？」と聞かれたら、「いずれも素晴らしいですよ」と答え、「みんなはどう思う？」とそれぞれの意見を引き出して、さらにいい案に練り上げていく姿勢を示します。

いい意味で参加者を調子に乗せよう。

03

マイナス思考の相手に効果ばつぐん

「いい味、出していますよ」

「口下手ですから、うまく伝えられるか自信がありませんが」

「あがり症なので、途中固まるかもしれませんが」

「人前で話すのは苦手なので」

「まだまだオンライン会議に不慣れなもので」

こうしたマイナス思考の前振り発言は、場の雰囲気を盛り下げ、会議のテンポを悪くするばかり。

信頼で結ばれている関係であっても、いつも同じ前振りでは、

「またお得意の台詞が出た」

「聞き飽きたよ」

と内心がっかりしてしまいますよね。

でも真面目なんです、そういう人は。悪意はないのですから、

「そんなことはないですよ」

「心配しなくても大丈夫です」

と優しく応える手もありますが、これでは根本的な解決にはなりません。

特にオンライン会議では、対面とは違ってその人だけに向けた軽いフォローがしづらく、ネガティブ発言のあとの少しの沈黙がずっしりと重くのしかかってしまいます。


自称口下手さんに多い「マイナス思考の発言」を「そんなことはないですよ」となだめるのではなく、**プラス思考に変換する**にはどうすればいいか。

オンライン会議が増えた中で、とっておきのひと言を見つけたのです。それは、

「いい味、出していますよ」


ネガティブな前振りから発言する。言葉に詰まったり発言が迷路にハマる。自分の発言に「何いっているんでしょうかね私、すみません」と謝り通しの人だって、自分の考えを上手に伝えたいのです。

「臼井さん、伝わっていますか？」と問われたら、「伝わっていますよ。○○ということですよね」と確認した上で「いい味、出していますよ、安藤さん」とひと言。

オンラインでもリアルでも会議が終わったら、「今日もいい味、出していましたよ」と優しく伝える。

すると徐々に、「マイナス思考の前振り発言」はなくなります。

口下手という呪縛が解け、別人のように自信を持って発言するようになります。

「いい味、出していますよ」は、上から目線の言葉ではありません。

話し方はもちろん、相手の能力や可能性に魅力を感じている。「私にはその味が出せない。参りました」と、相手の個性に降参しているのです。

それは相手に伝わります。

「いい味、出している？　臼井さん、ヨイショしないでください」といわれたこともありますが、「私には出せないなあ」と返すと、にっこり。

「いい味……よし、自信を持って話せば伝わるんだ」

相手の表情がイキイキしてきます。人が変わったように伝え上手になっていきます。

たかがひと言、されどひと言。

同じひと言ならば、**相手を心地よくさせ自分の仕事環境を整える、コミュニケーションが円滑になるひと言**を使いたいですよね。

そのひとつが、ここで紹介した「いい味、出していますよ」です。

以前から使ってはいましたが、コロナ禍の時代、このひと言がどれほど多くの口下手さんを変身させるか、学ばせていただきました。

グルメもコミュニケーションも「味」は個性の証明。

04 〝演説〟をスマートに断ち切る「なるほど。ところで」

口下手な人がいるかと思えば、その対極の人もいます。

そう、話が止まらない人。終了時間を考えず本筋から外れ、発言が止まらないという人はどこにでもいますよね。

そこで、**相手を不快にさせずに黙らせる、会話の割り込みをスマートに行うテクニック**をお教えしましょう。

キーワードは「**なるほど**」と「**ところで**」です。

これらを、いきなり相手の会話をさえぎるように使うのではなく、軽く受け流しつつ、自然な形での方向転換を導くように使うのです。

「そんな方法よりも○○のほうがいい。それは業界では周知の事実。というのも……」

と言い出した相手には「なるほど」と、とりあえず受け入れながら話に入り込み、

「ところで、最近、○○が好調ですよね」

と話題を変えるという使い方をします。

もしくは、さらりと、

「ところで、前回の大型キャンペーンからもう3年経つのですね」

と、共通の話題を振って、**相手の会話の筋道を変えさせる**手もあります。

「なるほど」で相手の発言を尊重するポーズを示しながらも、

「ところで先日の企画ですが……」

「ところで先日の案件ですが……」

と、相手の話題とは別のことを持ち出すのも策です。


「ところで」というひと言が出れば、大概の人は「しゃべりすぎている自分」に気づきます。

相手から「しゃべりすぎたみたいだね。悪かった」という言葉が出たら、

「たくさんの情報をいただきました。ありがとうございます」

「とんでもないです。貴重な視点を学ばせていただきました」
とフォローすれば、**相手のメンツをつぶすことはありません。**

話が止まらない人は、知っていることは黙っていられないというだけ。教えたがり屋の親切な人なのです。

ただそうはいっても、おしゃべりにつき合うにも限度があります。「なるほど」と「ところで」を味方につけて、**会話の流れを上手にコントロール**していきましょう。

しゃべり過ぎの相手は言葉の圧ではなく「ひと言」で制する。

05

発言は「単《たん》・端《たん》・短《たん》」

「今のお話は〇〇ということですね」

「あの人の発言はキレがある」

「さすが仕事がデキる人だ」

仕事相手からこんなふうに思ってもらえる秘訣をお教えしましょう。

それは「単・端・短」です。

簡単な言葉をセレクトして（単）、**誤解が生じないように端的に**（端）、**短時間で伝える**（短）の「単・端・短」を意識するのです。

さらに**「1発言1分以内」**と日頃から意識していると、「コメント力がある」といわれるようにもなります。

でも、「単・端・短」な言葉が思い浮かばなかったら？

そういうときは、相手の話を聞いて、

「今のお話は、○○ということですね」

と内容を要約して、相槌代わりに返してあげればいいのです。これも立派な「単・端・短」のテクニックです。

その要約が的確であるほど相手は、「自分の話を理解してくれた！」と会話のテンションが上がり、あなたに関心を寄せます。

「そういう意味だよ。わかってくれてありがとう」と返事があったら、

「○○さんオリジナルの方法ですね」

「○○さんにしかできない提案ですね」

などと返す。すると相手は、

「そういうこと！（笑顔）……それで思い出したのだけれど」

とまた話が広がってきます。

こういう展開になると、**あなた自身は話を要約しただけなのに、思いがけない回答を引き出し、会議を盛り上げる**結果になります。

特に若手社員の場合、「発言を否定されたら、どう反応したらいいだろう」と心配

になり、会議で口を閉ざして傍観者になってしまう人が多くいます。

でも、この**「要約作戦」なら堂々と参加**できますよね。事実上、会議を仕切る存在にもなれるのです。

どんないい発言も長くなるとリアリティが失われるもの。

発言は即、短くしてこそパワーになります。

会話をまとめていつの間にか場を仕切る。

06

あえて中途半端な時間からスタート

「当たり前じゃない打ち合わせ」

会議の開始時間をフックにしたひと言を紹介しましょう。

会議や打ち合わせは、10時からとか13時30分からというように、ぴったりした時間に始まることがほとんど。10時13分や13時17分スタートということはまずありませんよね。そこでこうした時間に開始を設定するのです。

そんな中途半端な時間では参加者に周知できない。賛同が得られないとデメリットを考える方もいるでしょう。でも違います。

ぴったりした時間から始める会議よりも、中途半端な時間から始める会議のほうが、参加者の時間認識が高くなり遅刻がなくなる。それればかりか、皆が早く集まり、**定刻にスムーズに会議が始められる**のです。

こういう時間設定で会議を行うのがまれな分、

「特別な意味があるはず」

「よほど重要な話なのではないか」

と、参加者の意識が高まる。

会議やアポイントは1時間や30分単位で設定するという**当たり前の習慣を見直すだけでメリットが生じる**のです。


これまで、私は特別なプロジェクトを発表する会議や、遅刻者が予想される打ち合わせはあえて「中途半端な時間」に設定してきました。

すると「聞き逃してはまずい話が出るのではないか？」と参加者の気が引き締まり、いつも以上の問題意識を持って参加。遅刻する人はいません。

冒頭で「10時13分開始の打ち合わせ、歴史に残りますね」と**あえての〝あおり〟**発言。その上で、

「各々が高い問題意識を持って参加できています。これは幸先がいい」

「時間感覚が研ぎ澄まされていますね。この調子ならば○○ができますよ」

「当たり前じゃない時間からのスタート。当たり前じゃない結果が出ます」

畳みかけると、皆の顔つきが変わってきます。自信に溢れ、話を聞く姿勢も前のめりになってくるのです。

このテクニックは、オンライン会議でも活かせます。相手との関係性しだいではありますが、たとえば早朝5時55分スタートに設定。

「清々しい空気を、共有していいるっていいですよね」

「皆が眠っているときに仕事をしている私たちって、すごくないですか？」

「朝イチの仕事は、大切な人としたいですから」

と共有や共感、協調をあらわすひと言を添えたら、気持ちよく仕事に臨めます。

会議や打ち合わせは、キリのいい時間から始めると決めつけなくてもいいのではありませんか？　当たり前を疑うことでメリットが生まれ、そこから刺激を受ける新鮮なひと言が誕生。**言葉に背中を押され、欲しい結果に近づきます。**

常識を疑うと得られるものが大きい。

07

ヒートアップしてきたら「クリームソーダ、飲みたくないですか?」

仕事を巡って議論が白熱するのは積極的で好ましいのですが、限度があります。会議の趣旨から外れたことや、発言者個人への批判、過去の失敗の蒸し返しが始まったら、即、終了しなければいけません。

他の参加者を不快にさせるだけでなく、時間の無駄遣い。**巻き込まれる身になれば、冗談ではすまされません。**

しかし、いるのですよ。アドバイスを批判と受け止め、熱くなってけんか腰になる人が。

「私にはできないと思っているでしょう。いわせてもらいますが、○○さんだって、以前△△プロジェクトで損失を出しましたよね。私は綿密に検証と分析をしていますから、○○さんのようにはなりません」

「ちょっと待って！　なんで失敗を蒸し返すかな？　性格悪いんじゃない」

「その言葉、そのまま〇〇さんにお返しします」

これはある会社のミーティングでの話。実話です。

同席していた私は「なんとまあ、大人げない」と呆れていました。しかし、舌戦は止まりません。ここで「いい大人がみっともない」なんて割って入ったら、火に油を注ぐようなもの。より収拾がつかなくなります。

そこで、

「クリームソーダ、飲みたくないですか？」

と声をかけました。

「はあ？　クリームソーダ？　なんで……」

全員ポカーンです。

「頭も身体も、疲れる頃ですから。皆さん、どうでしょう？　クリームソーダ。ミルクコーヒーやココアでもいいから補給しませんか？　議論するならそのあとで」

そこまで言い終わる頃には、ふたりは静かになっていました。

もちろん、私はクリームソーダが飲みたかったのではありません。

意味のない舌戦を繰り広げる、熱くなったふたりを止めるには、

「休憩しませんか?」

「お茶にしませんか?」

では効き目がない、弱いと思ったのです。

「クリームソーダ」は仕事の場にはあまりに不釣り合い。だからこそ、**意外性があって熱くなっているふたりも止まる**はず。

とにかく頭を冷やさせ、周囲の困惑ぶりに気がついてほしい。そのためのひと言でした。

結果、このひと言で、場は収まりました。のちに耳にしたのですが、その会社では舌戦で収拾がつかなくなると、「クリームソーダ、出すか?」が定番のひと言になっているそうです。それほど、熱い社員さんばかりだということかもしれません。

意外すぎる発言で人は冷静になる。

08

緊張をほぐす「ひと言近況報告」

「最近○○にハマっております」

「最近はハーモニカにハマっています。少しずつクリアな音になるのが、楽しいんです」

そう口にすると、

「ぜひ、聞かせてくださいよ」

「ハーモニカ……哀愁を感じますね」

「私はそば打ちにハマっています。十割そばを目標にしています」

といった人には、

「そば粉だけでまとめるのは難しいですよね」

「ぜひご馳走になりたいな」

「最近ハマっているのは、ミシン。子供の手提げやエプロンなどつくっています」

には、

「マメな〇〇さんらしいですね」

「男のミシン！　そういえば有名な俳優さんもハマっていると聞きました」


これらは久しぶりに顔を合わせる者同士、私も同席したある会合でのやりとりです。

「お久しぶりです」「ご無沙汰しております」と挨拶をしたら、即、本題に入るのが筋でしょうが、交流が途切れて1年も経てば、相手の仕事環境が変わっているだけでなく、興味の対象も変化している可能性があります。


顔も名前も知っているけれど、しばらく交流が途絶えていれば初対面に等しい。緊張もする。それは相手も同じだと解釈して、**心の距離を縮める**ように挨拶のあとに、

「最近〇〇にハマっております」

と「ひと言近況報告」をしてプライベートの一面を見せることで、空白を埋めて親

密になる工夫をします。

私が口火を切ると、次々に皆がハマっている物事を披露。不思議なことに、仕事には厳しくダメ出しをする人も、

「いいね」

「興味あるなあ」

「教えてよ」

などと**共感してくれる**。笑顔がこぼれ、張り詰めた空気が一変します。それが、このひと言の狙いです。

こんな仕掛けをしてから本題に入ると、面白いくらいスムーズに進行。偏った意見で困らせる人や難癖つける人、反応が鈍い人を見つけることは、まずないのです。

私流の解釈でいえば、「最近○○にハマっています」というと、それが相手には興味のないものでも、「**（自分は）特別な存在だから、教えてくれた**」**と無意識に理解**する。

その気持ちを抱いて、話が進むのですから、うまくいく。だから、無意味な反対や反論のための反論がしにくくなるのだと捉えています。

ビジネスだけでなく、趣味の会やご近所づき合い、親戚、友人関係にも役立つひと言です。

想定外の自己開示で一気に親密になる。

09

ザックリ質問で脳をほぐす

「どのあたりを目指していますか？」

「景気は、いかがですか？」

「いいわけないでしょう（閉塞感が漂う業界なのだから）」

「駅前の再開発、進んでいますね」

「そうだね（でも、うちとは関係ないよ）」


こうした質問のしかたでは話題は発展せずに、すぐに会話が途切れてしまいます。

そういうときに働いてもらいましょう、脳をほぐす質問に。

取引先のトップとのミーティングならば、

「社長はどういうところに力を入れていらっしゃるのですか？」

売り込み先で複数人が集う打ち合わせならば、キーマンに、

「御社はどのあたりを目指していらっしゃるのですか？」

そんな〝**広め**〟**でザックリな質問**を受けたら、「出し抜けに何を言い出すのか？」と困惑しつつも、答えないわけにはいきません。たとえその時点で明確な答えを持っていなかったとしても、はぐらかすのはビジネスパーソンとしての誇りが許さないからです。

ですから**必死に脳を動かして真摯に考えてくれます**。

トップからは、

「100年企業を目指している」

「先代の社長が、就職したい企業ナンバー1になるといっていたな……」

キーマンからは、

「顧客満足度を限りなく100％に近づけたい」

「抽象的でもいいかな？　みんなが笑顔で働ける会社だな」

というような答えが返ってきて、そこから話題が広がります。

未来のことですから、**そこに到達するための具体的な手段や方法が見つかっていな**

くて当たり前。それでも、多くの人は隠さず教えてくれます。

そうしたことをひとしきり聞き終えたら、

「我が社では、こんなお手伝いができます」

「こんな点で、お役に立つと思います」

あるいは、

「働き方改革ですね。うちではこんな取り組みをしていますが、お話ししてもよろしいでしょうか」

「御社ですからお話ししますが……」

というようにやんわり提案をしていきます。すると「うちの会社に寄り添ってくれる人」「役に立つ人」「動いてくれる人」と思ってもらえる。そうした下地ができてから、打ち合わせや商談、会議に入ると望む結果が得られやすいのです。

漠然とした質問で相手の誇りをくすぐる。

10

会えないからこそ、熱気や温度を伝える

「こちらは18度、曇天です」

新型コロナウイルス感染拡大に伴う緊急事態宣言下で、私たちは、外出自粛、仕事はテレワーク、プライベートの交流もオンラインという初めての経験をしました。

パソコンの画面越しでの会議やメールでのやりとり、テレビ電話やSNSを活用した交流など、知恵を絞りツールを駆使して、仕事や人間関係を構築したものです。

会いたい人に会えない。会いたいときに会えない。もどかしさを私自身も経験しました。でもコロナ禍で学んだことも多いのですよ。

それは「熱気や温度を感じるひと言」を会話やメール、文章に入れると、気持ちが伝わること。**離れていても、近くにいるような感覚になって会話が弾むということです。**

オンライン会議の冒頭では、

「おはようございます！　こちらは18度、曇天です」と伝える（温度）。

「こうして会えるとは……武者震いしています！」と気持ちを伝える（熱気）。

佳境に入ったときには、

「来た来た！　成功ののろしが上がりました」と盛り上がりを伝える（高揚感）。

「やった！　これは、イケますよ。売れますよ」と声を弾ませる（躍動感）。


面と向かって会えないから、言葉にぬくもりや躍動感を添える工夫をしました。

普段よりも大げさに大胆に伝えたのです。

画面越しの会議や会話では、拍手やガッツポーズ、「いいね」や「ＯＫ」のサインを出したりなど、対面ではしないアクションも取り入れました。

そうこうするうちに「伝わる喜び」を得ました。

これはリアルな面談、会議、コミュニケーションでも使える！

ここぞという決め時には、言葉に「熱気や温度」を込めて、アクションも添えたら、相手にインパクトを与え、「YES」を引き出すこともできると確信したのです。

初対面の相手には、自分が人にほめられてうれしかったシーンも思い出しつつ、

「○○さん、さわやかですね」

「○○さん、よく通る声ですね」

「○○さん、オーラを感じます」

と、相手の心が動くひと言をかける。


人と人を結ぶのは言葉。リアルでもオンラインでも、ツールが変わってもそれは変わりありません。

自分が発した「熱気や温度を感じるひと言」が必ずいい形で返ってきます。

離れていても近くにいる感覚を生み出す。

第5章

ポジティブな関係性を築く。SNSの賢いひと言

01

ルーティンの語りかけで確かな仲間ができる

「今日もいい日になりますね」

私とウェブ媒体とのつき合いは、ブログからです。

もう20年あまり経ちますが、当時の投稿は「○○さんと仕事をした」「××に出かけた」「△△という成果を得た」など、業務報告や自慢話のようなものばかり。

共感も関心も持たれない、振り返るとひどい内容でした。

読者登録は少なく、アクセスもない〝事故ブログ〟です。

そんな状態が半年も続けば、不慣れな私もさすがにまずい事態だと気づきます。

そこで、投稿する際の言葉遣い、配信時間や回数などを見直しました。

不特定多数の方が目にするブログですが、**「目の前にいるあなた」を意識して「優しい・柔らかい・和らぐ」言葉を用いて、語りかけるような投稿**に変えたのです。

さらに、ブログの最後には私らしさを印象づけるひと言を1日2回、必ず添えることにしました。いわば臼井由妃の決め台詞、ルーティンです。


朝一番の投稿には、「今日もいい日になりますね」。

夜最後の投稿には、「明日もいい日になりますね」。

朝は1日を気持ちよくスタートさせる、やる気スイッチを入れるひと言。

夜は1日を締めくくり、明日への希望を抱きながら眠りにつく、やる気スイッチをオフにするひと言です。


すると、サプライズが次々と起こったのです。

1カ月で読者数が3倍になり、3カ月で5倍。投稿の内容を受けてのコメントがうなぎのぼりに増え、メディアからの取材や執筆、講演依頼が舞い込み、「著名人ブログ」の仲間入りをしました。

読者からは、

「『今日もいい日になりますね』と目の前でいわれているようで、元気になります」

「1日のエネルギーが湧いてきます」

「『明日もいい日になりますね』に癒されます」
「辛いことがあったとき、この言葉のおかげで立ち直れました」
「自分のブログでも使っていいですか？」
……とうれしい反応が相次ぎました。

自己分析ですが、「決め台詞」とした朝夕のひと言が、使い続けることで、読者に浸透し、あたたかな空気を伝播していったのではないかと思っています。

投稿に添えたこのひと言のおかげで、**通り一遍のネット上の〝知り合い〟ではなく、リアルでお会いして意気投合する仲間もできました。**なかには、仕事を手伝ってくださったり著作の書評を投稿してくださったり、メディアへの架け橋になってくれる方まで現れたのです。

ブログから始まったその流れは、ツイッターやフェイスブックでさらに大きくなり、私自身が経験したクラウドファンディング（後述します）の際には、彼・彼女らが味方になって成功へと導いてくれたのです。

最初は、自分のやる気スイッチをオン・オフするために添えた、

「今日もいい日になりますね」
「明日もいい日になりますね」

が、SNSを介して広がり、味方を加速度的に増やし成果を授けてくれた。
これは私にとって、奇跡を呼ぶひと言です。あなたもSNSの奇跡を起こしてみませんか。そのためには、前向きであたたかな語りかけの言葉を、繰り返し使うことです。**あなたの決め台詞をつくってみましょう。**

SNSは時に奇跡を起こす。

02

オンとオフの区切りを上手につける「また月曜日、お会いしましょう」

SNSの普及によって、誰とでもつながれる時代になりました。SNSがもたらした、新しい世界の恩恵にあずかっている方も多いでしょう。

しかし、**必要以上につながりすぎたために、疲れ果てる人**も増えています。毎日、投稿しないと「いいね！」の数が減る。コメントがなくなる。アクセスが減る。相手にされなくなるのではないか。漠然とした不安が募る……。

SNSを始めた頃の楽しさは、どこへ行ってしまったのでしょうか。

友人のSさんは「日々の投稿が義務のようになってきた」と、著者仲間のMさんは「本当はやめたいんだけれど」と語ります。

「毎日、投稿しなくていいじゃない！　義務感で続けるのはおかしいよ」

そういう私に、「そうはいってもやめられないよ……」とぼやきつつ、日々投稿を続けている人のなんと多いことか。

「楽しくないなら、思い切ってやめようよ」

そう力説したいのですが、**立場を自分に置き換えれば、やめられない事情があるのもうなずけます。**

自分の名前で仕事をしている。経営者として表舞台に立っている。これから新しい仕事にチャレンジする。支援者や仲間を増やしたい。

そうした人にとって、SNSは「顧客サービス」や「ファン獲得」のツールのひとつになっています。さらに、日々さまざまな角度から投稿をしてファンが求めているものを知るための「マーケティングツール」としての役割も大きい。アカウントは消せないし、投稿はやめられないでしょう。

でも、あなたが思っている以上に、**受け手は敏感**です。

義務感にとらわれた投稿や隠し切れない自慢話、元気のなさやあわただしさなどあなたの心の動きをたちどころにキャッチし、拒否反応を示します。

①心が整っていないときは投稿しない↓焦りや不安から過激な表現や誤解を招きかねない投稿になってしまう

②身体が疲れているときは投稿しない↓元気のなさが文章に表れ読者に心配を与える

この2点を私はSNS投稿の基本ルールとしています。

義務感にとらわれ投稿するのは、読者をマイナス思考に引きずり込むようなもの。SNSのマナーとして、このポイントはぜひ押さえておいてください。

それでも、何かひと言でも投稿したい方は、

「土日は完全休養日。月曜日には戻ってきます」

「今日はお休みします。また明日お会いしましょう」

と「オフ宣言」をするといいでしょう。

さらに緊急事態宣言下で学んだことですが、ひとり暮らしや持病を抱えている方には、SNSは「生存確認」の意味合いにもなります。

「今日はSNSは休業します。2日後に戻ってきます」

「3日間SNS断食をします。バリバリ元気ですのでご心配なく!」

などとほんのひと言だけ投稿してお休みするのも、受け手の不安をなくし、**自分の元気をチャージ**するのに役立ちます。少し休めば、また明るい何かを投稿したくなるものです。

SNSに疲れたときは休んでOK。

03

投稿よりもコメント欄 〝コメント・ロボット〟に要注意

「SNSでは、投稿そのものよりもコメント欄に注目する」——私はそうしています。

「いいね！」や「コメント数」ではなく、その人の投稿を丁寧に読み、その上で自分の思いをコメント欄に書き込む人がどれだけいるのか？　**コメント欄がどんな雰囲気で盛り上がっているのか？**

それこそがその人の人間関係をリアルに表し、これからビジネスの相手としてつながるかどうかを、見極める基準になります。

「なんでこんなに『いいね！』が集まっているの？」

「なんでこんなにコメント数が多いの？」

著名人でもなければ、投稿の内容に特別の価値があるとも思えないのに、不思議な

SNSが存在します。

「私が（相手の活躍を）知らないだけなんだろうか？」

旬の情報や注目を集めている人は知っておきたいですから、入念にチェックすると、「いいね！」をする人や「コメント」を寄せる人は、毎日ほぼ同じメンバーな上に、投稿の内容とはかけ離れたものがほとんど。たとえば、

「昨夜、学生時代の友人とオンライン飲み会を行い、大いに盛り上がった」という他愛ない日常の投稿に、

「いつもありがとうございます！　今日もよろしくお願いします」

「風邪に注意しながら過ごしましょう」

などと、内容を受けてのものではないコメントが書かれているのです。

「〝コメント・ロボット〟か？」

思わず突っ込みを入れたくなるのは、私だけではないでしょう。

「善意の第三者」が日々、あまり関係のないコメントを寄せているケースだってあります。一方で、投稿者が作為的にコメントを水増ししていることもあります。**時間は有限。**あなたがコメント欄に価値を見出せないSNSはスルーしてOKです。

先日、私のところに、「コメントの数」を増やす自称請負人という方から、「（金銭をやりとりして）お手伝いしましょうか？」というメッセージが舞い込みました。もちろんスルーです。

そういう需要があるからビジネスになるのでしょうが、合点がいきません。

コメントは量よりも質。

貴重な時間を使って投稿を丁寧に読み、コメントを入れてくれる読者がいる。**投稿とコメントで言葉のキャッチボールができているSNSが、理想です。**

そういう見方で判断すると、自分がつながるべき相手もおのずと見えてきます。

投稿とコメントのキャッチボールを要チェック。

04

炎上か共感かは「1文字」で決まる
「〇〇『が』いい！」

「それでもいいいんじゃないの」

某政治家の政治責任を問う著名人A氏の投稿にこうひと言コメントを添えて、リツイートしたHさん。

その後、誹謗中傷の嵐に巻き込まれるとは考えもしなかった。まさか自分が「炎上」の当事者になるとは、想像もしていなかったといいます。

Hさんは、中堅企業に勤めるごくごくフツウのビジネスパーソン。

フォロワー数は200名ほどでしたから、SNSで影響力があるわけでもありません。それに、彼はアクティブにSNSに関わるというよりも、出張や旅先で出合ったグルメや、風光明媚な地について時折つぶやく程度。好奇心を覚えた著名人の投稿には、コメントなしでリツイートする。どこにでもいる、SNS利用者でした。

そんな彼なのに、なぜ炎上のターゲットになったのか。

それは、人種や男女差別、政治責任など拡散につながりやすいトピックに触れた著名人の投稿に安易に乗っかったと解釈されたからです。

「それでもいいんじゃないの」が、**上から目線の物言い**と受け取られ、

「生意気な一般人、黙ってろ」

「A氏と注目ワードに乗っかる愚か者」

「語る資格なし」

「バカッター発見」

などと拡散が拡散を呼び、多くの人の目に触れることになったのです。

たったひと言「それでもいいんじゃないの」とつぶやいただけなのに、素性が明らかになり会社での立場も危うくなりました。

仮に、Hさんのコメントが、

「それがいいと思います」

「それに賛成します」

というものだったら、こうまで問題は大きくならなかったはずです。

「それがいい」には共感がうかがえますし、「それに賛成します」には明確な意思が感じられる。一方、「それでもいいんじゃないの」は、まさに上から目線で投げやりさが感じられ、受け手は批判的になるのです。

ＳＮＳの投稿は短文がほとんどです。短いからこそ、助詞ひとつの使い方を間違っただけで、受け手の神経を逆撫でし、大きな怒りを買うこともある。

自分が投稿した情報の受け手は世界中に無数にいる。これを自覚しないと、Ｈさんのように「ＳＮＳ制裁」の餌食になりかねません。

ある哲学者が「言葉とは弾丸が装填《そうてん》されたピストルだ」という名言を残していますが、現代のＳＮＳでも通じるものでしょう。自分が発した弾丸が、世界中から何十倍、何百倍もの威力を持って返ってくる可能性があるのです。

だからといって、必要以上に怖がることはありません。

私は、**責任をとれないことはいわない、あやふやなことは伝えない。「ＳＮＳは自分公共放送局」**と考え、投稿しています。

こういうと「なんと面倒くさい」「もっと適当でいいんじゃないの」「別に有名タレントっていうわけでもないんだから」と思う方もいらっしゃるでしょう。でも、ここまで気を配ってこそ、安心してSNSの魅力に浸れるのです。

SNSでは気になる人たちの近況を把握できる。事業やお店を始めたばかりの人にとっては、手っ取り早く自分を知ってもらう手段として役立つ。そこで得たファンを足掛かりに、顧客基盤をつくり上げることも可能です。

通常では出会えない人とつながるチャンスもあるのですから、相手に思いを馳せて、「でも」は封印。

「○○ができます」「○○が好きです」「○○がいいね」という「が」で想いを伝えましょう。

SNSは自分公共放送局。

05

「お金を集める」成功原則
「社会貢献・当事者意識・明日は我が身」

「お母さん、あなたを殺してもいいですか?」という、なんとも刺激的な名前のプロジェクトを2017年5月に立ち上げました。家族間に内在する「母娘関係」の問題をより多くの人に知ってもらうために、私自身が経験した「毒親の事実」を描いた同名のマンガを制作するプロジェクトです。

制作にあてる資金100万円をクラウドファンディングで募ることにしました。

おかげさまでプロジェクトは目標金額を大きく上回る142万8500円の支援金を集め、10日あまりで成立しました。

なぜクラウドファンディングにしたのか。

それは、より多くの方にプロジェクト始動とその意義を知っていただきたかったたからです。

そもそも「臼井由妃」を知らない方や本になじみがない方に、クラウドファンディングを活用して資金を募りながら、「毒親」「母娘問題」の実態を伝えていくのが最善と考えました。

今、「虐待・無関心・言葉の暴力・子育て放棄」など、母と子あるいは両親との間にある問題で、悩む方が増えています。心と身体の傷を抱えて歩んできた私だから、そこに一石を投じるべきではないか。そして、「マンガにすれば、当事者になっている若い方にも読んでもらいやすい」「この問題に関心のない人もマンガなら巻き込める」と思ったのです。

そうはいってもクラウドファンディングは初めての試み。成功するには多くの方に共感してもらうだけでなく、プロジェクトをシェアしてもらったり、お金を投資していただく必要があります。

そこで**人がお金を動かすきっかけになる言葉**を吟味しました。

カギは、「**社会貢献・当事者意識・明日は我が身**」の**3つ**です。

これら3つに関わることをウェブはもちろん、直にお会いして投資を募る場合でも使いました。
たとえば、

「あなたの500円（最低投資額）が社会を変えます」（社会貢献）
「母娘問題を解決する力が、あなたにはあります」（社会貢献）
「あなたの周囲にも悩んでいる人がいます」（当事者意識）
「あの母娘の異変に気づいているのではありませんか？」（当事者意識）
「誰もが毒親になる可能性があります」（明日は我が身）
「仲良し親子は思い込みかもしれません」（明日は我が身）

といった一文を、支援を募るレポートに必ず添えました。

すると、
「今、毒親に悩まされています」

「躾《しつけ》という名の折檻《せっかん》を受け続けてきました」

「毒親に育てられた私、母になるのが怖い」

こうしたメッセージが次々に支援金と共に届き、クラウドファンディングのスタートから10日あまりで目標額を達成したのです。


私だから成功できたのではありません。

自分が成し遂げたいテーマに相応しいクラウドファンディング運営会社を見つけ、そのサイトで目標未達に終わったプロジェクトを探し、問題点を検証すれば、失敗の共通項が見えてきます。それを避ければいいのです。

ちなみに、「自分が◯◯になりたい」「私は◯◯になる能力があるから応援してほしい」というような**「私の夢を叶えてほしい系」のクラウドファンディングの成功率はきわめて低い**といえます。

それは他人事でしかないからです。

クラウドファンディングは「社会貢献・当事者意識・明日は我が身」というキーワードがないと、たとえ500円だって財布のひもは緩まない。

経験してみて、わかったことです。

それはリアルなビジネスの場合も同じ。

不安要素が多い昨今は、明確な動機づけがないと人はお金を使わない。

逆をいえば、お金を使いたくなる言葉でアプローチすれば、望む結果が得られるのです。


お金は出させるのではなく、使いたくなるようにアプローチする。

終 章

勇気がみなぎる
エールのひと言

姿勢がいいね。

生き方に信念のある人は、
どんな困難に見舞われてもめげずに邁進します。
その姿は堂々として清々しい。そんな方に伝えてください。
このひと言は相手を認めるエールであり、
自分の生き方を見直すことにもつながります。

このままで終わる
あなたじゃない。

多額の負債を抱えた会社の再建に挑むも、うまくいかない。
頼りにしたい夫は重病な上に、私もうつ病を患い「死」を考えた。
そんなとき、友人からもらったこのひと言に救われました。
「あなたは可能性のかたまり!」。そんな激励でもあります。

試練ではなく試験。
失敗ではなく活性化。

試練を試験と捉えたら、怖い物なし！
結果から反省すべき点を分析、
検証すれば次のステージへ進めます。
失敗を糧にする人は、チャンスの女神から愛される。
誰にとっても勇気が湧く言葉です。

みんな見る目が
ないだけさ。

「誰も認めてくれない」と嘆く友人に伝えた言葉です。
能力も努力も十分なのに、結果が出ないのは、
職場の人間関係に問題があるからではないか。
「視点を変えれば結果も変わる」と、気づいてほしかった。
その後、彼女は転職。イキイキと活躍し、
異例のスピードで望むポストにも就きました。

スリル満点。
どんでん返しがある。

なかなか結果が得られないと、諦めムードが漂ってきます。
そんなムードを一掃するには、失敗も楽しむ姿勢を打ち出すこと。
希望を見出し、相手も自分も元気になるひと言です。
失敗する分、経験値が増え、どんな苦難からも、
這い上がる力がつきます。

これで起業できるね。

リストラにあった友人に諭すように伝えた言葉です。
彼の能力や才能は誰しも認めるものでしたが、
本人は自己肯定感が弱く、進んで行動しようとはしませんでした。
しかし現実を突きつけられ、覚醒。
今や年商5億円の経営者になりました。

はい、飴ちゃんどうぞ。

プレゼンを前に、緊張感に包まれている部下に伝えた言葉。
「飴？」「そう、飴は舐めても、相手に舐められるなってこと……」。
するとたちまち表情が和らぎ、
その後のプレゼンも最高の出来映え。
競合を押しのけ、見事、仕事を勝ち取りました。
ダジャレも捨てたものではありません。

「大変」は大きく変わる絶好機。

大変だとジタバタしていても、時が過ぎていくだけ。
ぜひ、このひと言を支えに動いてみましょう。
とにかくやってみることで、脳が刺激され考えもクリアになり、
やる気もアップ！
行動に弾みがつき大きな成果を得ます。

冬眠するのも
疲れたよね。

「○○したくないから休む」という「逃げの休息」は
生産性を下げるだけでなく、人間性も疑われかねません。

自分にも相手にもそんな節が見られたら、伝えましょう。

「時は有限。やりたいことをやらずに終わっていいの?」。

そんな意味もある言葉です。

自分は自分の応援団長。

テンションが下がり、何も手につかない。

そんなとき、声にしてみましょう。

「世界中の誰もが見限っても、自分は自分の応援団長!」。

そう考えれば、やる気がメラメラ湧いてきます。

迷いの中にいる後輩や部下、家族、友人にも効くひと言です。

ケンカしちゃいなよ。

他人の顔色をうかがったり、
ウジウジしていては、チャンスはつかめません。
そんな後輩や部下、家族、友人には
意外性のあるこのひと言をプレゼント。
時には相手とぶつかることも大事。
刺激を与えポジティブになるきっかけをつくってあげましょう。

人は死に向かって懸命に生きている。

誰も死から逃れることはできません。その中で、
いかにやりたいことをやり尽くすか。それが人生の真価です。
折に触れ、このひと言を自分に言い聞かせると、
命への感謝と「1分たりとも無駄にしない」という
決意が生まれます。

出会ってくれて
ありがとう。

こういわれて、イヤな人はいません。
初対面に限らず、長年の同僚や友人にも、
恥ずかしがらず伝えましょう。
味方を増やしあなたの仕事と人生に効く最強のひと言です。
何より、発したあなた自身の心に幸せが生まれます。

本書は書き下ろしです。

日経ビジネス人文庫

やりたいことを全部《ぜんぶ》やる！言葉術《ことばじゅつ》

2020年10月1日 第1刷発行

著者
臼井由妃
うすい・ゆき

発行者
白石 賢

発行
日経BP
日本経済新聞出版本部

発売
日経BPマーケティング
〒105-8308 東京都港区虎ノ門4-3-12

ブックデザイン
鈴木大輔・仲條世菜（ソウルデザイン）

本文DTP
ホリウチミホ（nixinc）

印刷・製本
中央精版印刷

Printed in Japan ISBN978-4-532-19988-3

日経ビジネス人文庫

大好評既刊

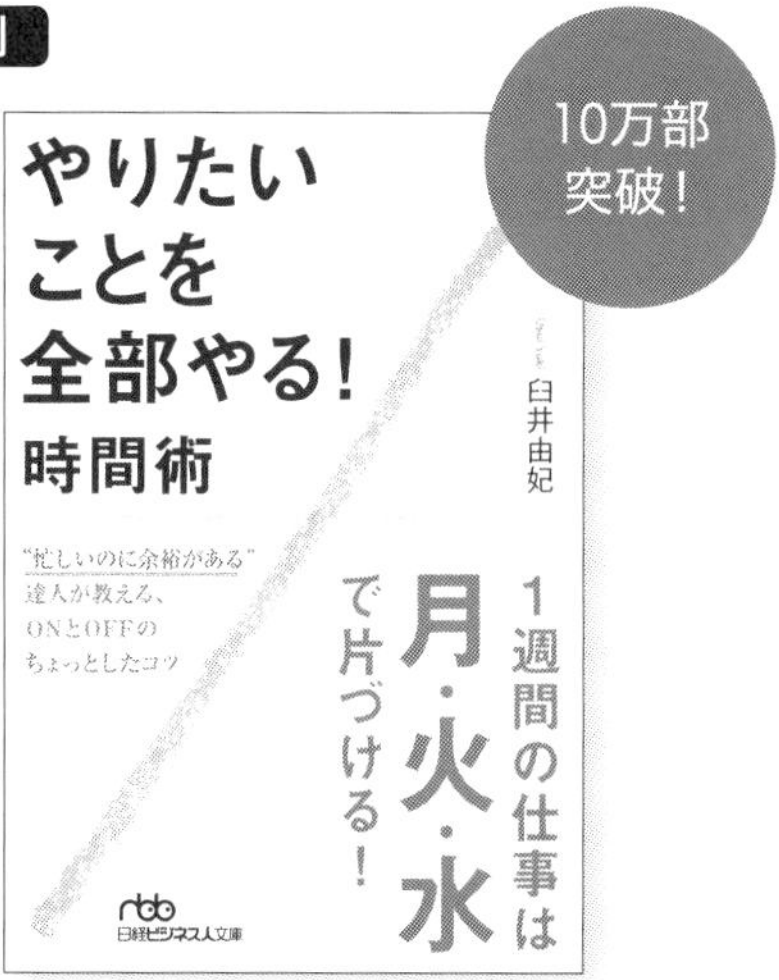

やりたいことを全部やる!時間術

"時間リッチ"になるヒント満載!

- ☑ 忙しいときほど予定を入れる
- ☑ パターン化すれば迷いゼロ
- ☑ メールは「1行P.S.」で時短
- ☑ 6割できたところで見直す
- ☑ 整理整頓はデスクと台所から

臼井由妃

定価(本体800円+税)/288ページ
ISBN978-4-532-19875-6